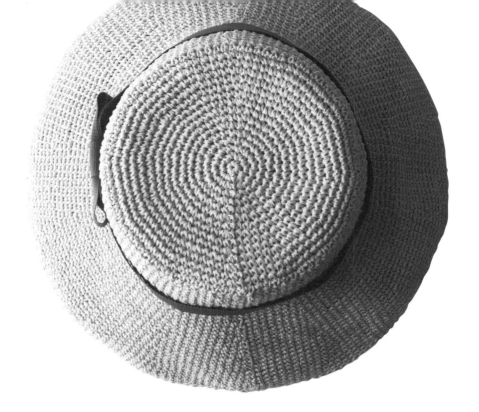

JN087403

BASIC PLAN+
かぎ針で編む
夏の帽子と
こもの

X-Knowledge

夏の帽子と言えば、麦わら帽子ですが
その形やディテールは多岐に渡ります。

本書では、定番の形をベースに
"誰でも似合う"ベーシックなデザインと、
プラスアルファのアイディアによる
デザインを提案しています。

ひとつでも気に入ったものがあれば、
その帽子を今年の装いに。
いくつか気になるものがあれば、
毎年、新調するように作って
あなたのワードローブのプランに
加えてください。

使用した糸の種類

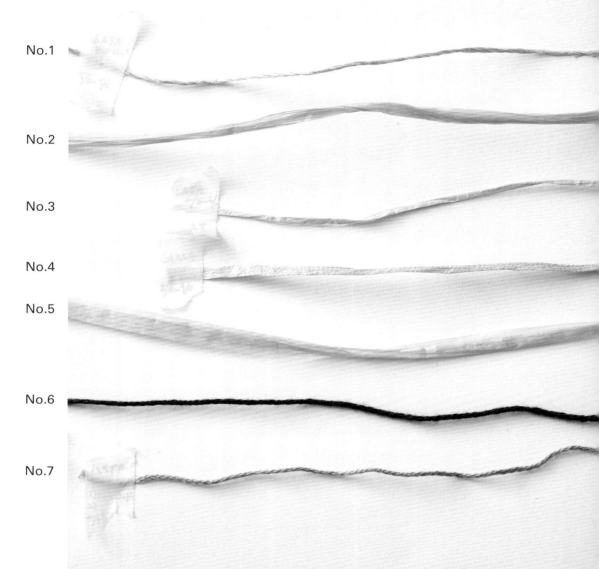

No.1

No.2

No.3

No.4

No.5

No.6

No.7

No.1 SASAWASHI／DARUMA

くま笹を原料にした和紙からできた糸。自然な風合いと光沢で、素材が持つ天然の抗菌、防臭、UVカット効果もあります。撥水加工のささ和紙100%、1カセ約48m（25g）、全15色

No.2 エコアンダリヤ／ハマナカ

木材パルプを原料にした再生繊維からできた糸で、サラサラとした手触りと軽やかな光沢が見られます。水洗いはできませんが、ドライクリーニングは可能。レーヨン100%、1玉40g（約80m）、全46色

No.3 SASAWASHI FLAT／DARUMA

No.1のSASAWASHIと同じ原料で、さらに細い紙を撚りをかけずに仕上げた糸。SASAWASHIよりもソフトに仕上がります。撥水加工のささ和紙100%、1カセ約78m（25g）、全5色

No.4 GIMA／DARUMA

麻のような風合いになるギマ（擬麻）加工をした綿麻糸。毛羽立ちを抑えた加工により、マットで清涼感のある質感です。綿70%、麻30%、1玉約46m（30g）、全12色

No.5 マニラヘンプヤーン／メルヘンアート

マニラ麻100%の天然素材の糸。天然素材が持つやさしい風合いや光沢が見られます。洗濯ができるのが他にはない特徴。マニラ麻100%、1玉約50m（20g）、全27色

No.6 リネンラミーコットン並太／DARUMA

麻の清涼感と綿のやわらかさを併せ持つ綿麻糸。春夏にかけて使え、しっかりと詰まった編み地でも軽やかに仕上がります。綿50%、麻50%、1玉約102m（50g）、全12色

No.7 ウオッシュコットン／ハマナカ

綿とポリエステルを混紡したウオッシャブル（洗濯）可能な糸で、表面はやさしい光沢があります。手頃な価格ながら発色がきれいで、色数が豊富。綿64%、ポリエステル36%、1玉約102m（40g）、全29色

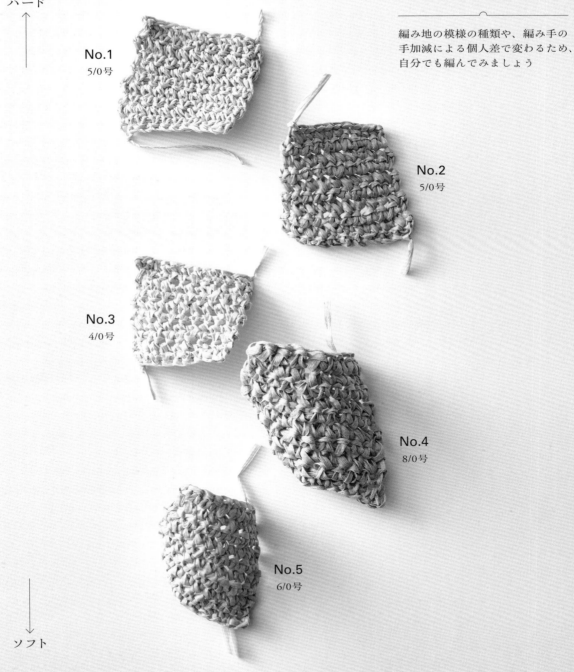

メインになるNo.1～5の糸で編んだ細編み（往復編み）のスワッチ。メーカー推奨の使用針の内、最も小さい号数で編んでいます。それぞれ帽子やこものに適した張りがある仕上がりですが、その中において比べると編み地の感触にはやや違いがあります。好みの仕上がりやかぶり心地の目安に。

────────

編み地の模様の種類や、編み手の手加減による個人差で変わるため、自分でも編んでみましょう

ハード

No.1
5/0号

No.2
5/0号

No.3
4/0号

No.4
8/0号

No.5
6/0号

ソフト

Contents

ブックデザイン／葉田いづみ
撮影／／／／／田村昌裕
スタイリスト／／串尾広枝
ヘア＆メイク／／吉川陽子
モデル／／／／岡本ゆい

作り方イラスト／三島恵子　森田佳子
DTP／／／／／天龍社
印刷／／／／／シナノ書籍印刷

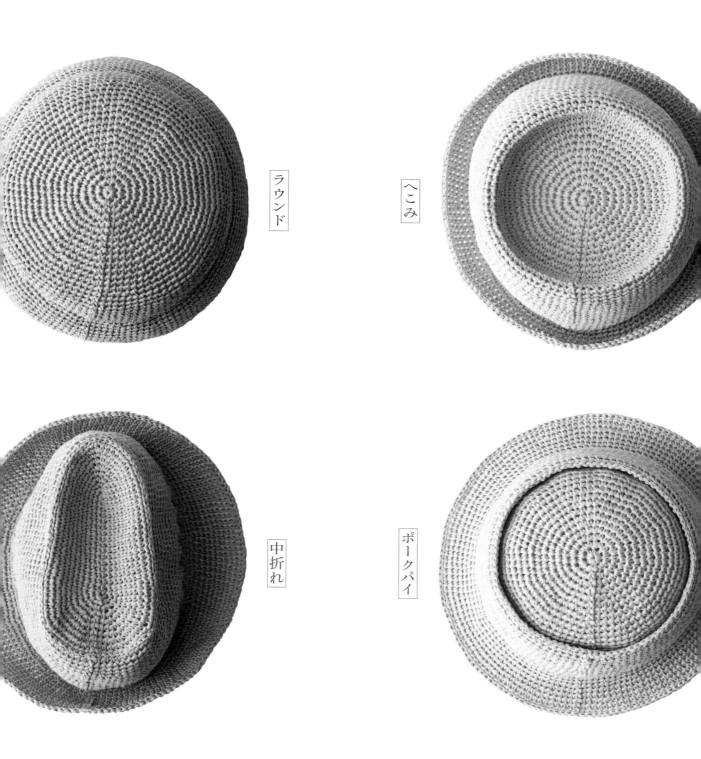

ラウンド

へこみ

中折れ

ポークパイ

PLAN-1

ラウンドトップとバリエーション

帽子のトップの形状はさまざま。
形の違いによって正面以外に、サイドや後ろから
見たときの印象も大きく変わります。

A

ラウンドトップのボウルブリム

どの角度から見ても頭の形がきれいに見えるラウンド形は、最もベーシックなスタイル。ボウル形のブリムを合わせると、丸みを帯びたやさしいシルエットになり、エレガントさが加わります。

yarn_マニラヘンプヤーン／Sachiyo＊Fukao／How to p.56

B

ラウンドトップの後ろ割れブリム

ラウンドトップに後ろが二つに割れたブリムを合わせた帽子。後ろから見た際に飾りのようなアクセントになるほか、髪を結んだ状態でも深くかぶることができ、実用性の高いデザインです。

yarn_マニラヘンプヤーン／Sachiyo＊Fukao／How to P.58

C

中折れのストレートブリム

トップにあるへこみが立体的な形状を生み出す中折れ
ハットは紳士向け帽子の代表格ですが、女性にも似合
います。かぶる際は、トップのへこみが崩れないよう
に深くかぶらず、水平かやや後ろ下がりにかぶります。

yarn_マニラヘンプヤーン／Sachiyo＊Fukao／How to P.60

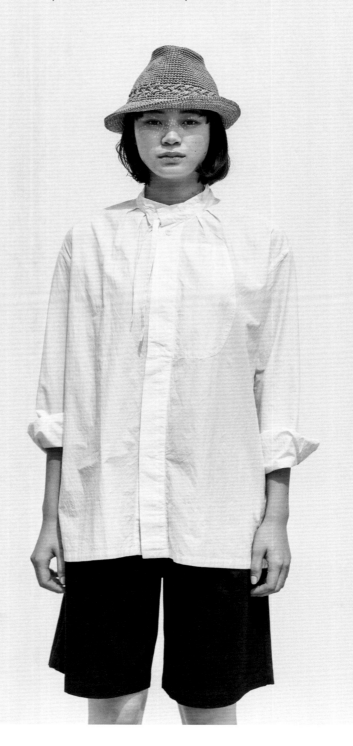

腰巻のリボンの代わりに、ぐるりと編んだ
模様編みがおしゃれ。自由に曲げられるつ
ばは前後を曲げてトラッドスタイルに。

D

へこみトップのカールブリム

中心凹みにより丸い縁に沿って陰影が浮かび上がり、
絶妙なニュアンスが加わるへこみトップ。このトッ
プに合わせたのはカールしたブリム。持ち上がった
つばが顔周りを引き立てます。

yarn_マニラヘンプヤーン／Sachiyo＊Fukao／How to P.62

E

ポークパイのストレートブリム

見た目からイギリスの料理「ポークパイ」の名が付けられ
た円筒状の縁が特徴のトップは、サイドや後ろから見た
際の丸のラインが上品で華やか。ストレートのブリムは、
伸ばしてもポークパイハット式に曲げてもおしゃれ。

yarn_マニラヘンプヤーン／Sachiyo＊Fukao／How to P.64

A

トップ ラウンド
×
ブリム ボウル

B

トップ ラウンド
×
ブリム 後ろ割れ

C

トップ 中折れ
×
ブリム ストレート

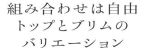

組み合わせは自由
トップとブリムの
バリエーション

4つのトップ（クラウン）と4つのブリムを組み合わせた10〜20ページのA〜Eのハットは、トップとブリムの組み合わせを変えることができます。トップはDへこみ、ブリムはAボウルを組み合わせるなど、自分好みに自由に作ってみましょう。

D

トップ へこみ
×
ブリム カール

E

トップ ポークパイ
×
ブリム ストレート

21

スタンダード

つば広

つば丸

トップレス

PLAN-2

フラットトップとバリエーション

平らなトップはトラッドスタイルの定番。
ブリムやトップの形をアレンジすればデザインの幅が広がり、
ファッションに合わせやすくなります。

F

スタンダードなフラットハット

カンカン帽の名でも知られるフラットトップのスタンダードハット。元は水兵がかぶっていたのが始まりで、男性的な角張った輪郭は他の帽子にはないカッコよさ。顔の印象を引き締めたい場合は、太めのリボンを選びましょう。

yarn_SASAWASHI FLAT／marshell／How to P.66

G

つば丸のフラットハット

Fと同じフラットトップにボウル形のブリムを合わせたハット。同じトップでも顔回りを包み込むようなブリムの形状でやわらかい表情に。リボンは細めを選ぶと繊細で大人っぽい印象になります。

yarn_SASAWASHI FLAT／marshell／How to P.68

H

つば広のキャペリンハット

優雅な幅広ブリムは、女優帽とも呼ばれるキャペリンハットの特徴。作品は11cmの幅広ブリムながらトップの高さを短くしてバランスを取っているため、大振り過ぎないシルエットになっています。

yarn_SASAWASHI FLAT／marshell／How to P.70

I

トップレスのサンバイザーハット

トップが空いた、サンバイザースタイルのハット。トップが無いことで、頭が蒸れず頭頂部の髪がつぶれないのがメリット。後ろ側は深く切り込んだラインによって、髪を結んだ状態でもかぶりやすくなっています。

yarn_SASAWASHI FLAT／marshell／How to P.72

後ろのリボンは軽やかなジョーゼット。
やや広めのブリムは、日差しの加減に
よって自由に曲げて。

J

バケットハット

Hのフラットトップをアレンジしたハット。クラウンと一
体型のような下向きのブリムで、深くかぶってもすっきりし
た印象に。頭部が丸く裾が広がったチューリップハットと異
なり、カッチリしたメンズライクなシルエットが魅力です。

yarn_GIMA／marshell／How to P.74

細めの幅は直接リボン結びで。

リボン 4 × 帽子 E

ナチュラルな素材で上品に。

リボン 6 × 帽子 E

光沢があると淡い色でも引き立つ。

リボン 7 × 帽子 A

濃色はシックな印象に。

リボン 8 × 帽子 A

リボン以外に編み糸を使う方法も。
共糸2本取りでリボン結びします。

幅と色で変わる
腰巻のリボン見本帖

ファッションに合わせて帽子にニュアンスを加えたいときに活躍するのがリボン。印象を主に左右するのは幅と色。太めはトラッドかつ引き締め効果があり、細めはエレガントで柔和な表情に。色は、黒は万能色で、その他は装いとの足し引きでバランスをとりましょう。

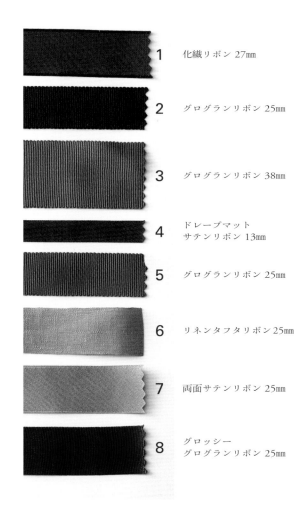

1 化繊リボン 27mm

2 グログランリボン 25mm

3 グログランリボン 38mm

4 ドレープマット
サテンリボン 13mm

5 グログランリボン 25mm

6 リネンタフタリボン 25mm

7 両面サテンリボン 25mm

8 グロッシー
グログランリボン 25mm

※腰巻用のリボンの作り方は52ページ

PLAN-3

夏の帽子は、風通しや蒸れにくさを考えた設計も。
オープンタイプは模様編みや形状で頭部を蒸れにくく、
セパレートタイプはかぶり心地のよい素材を取り入れます。

K

透かし模様入りつば広ハット

日差しをしっかり遮る後ろ下がりのブリムに透かし模
様が入ったデザイン。首を日焼けから守りながら風通
しのよさも実現。外出はもちろん、ガーデニングなど
長時間屋外で作業するときにも嬉しい設計です。

yarn_SASAWASHI／星野真美／How to P.76

L

サンバイザー

頭が蒸れるのは不快というときは、思い切ってサンバイザーを活用して。つばだけのため、セットした髪がつぶれることもありません。近所や犬の散歩などさっとお出かけするときのお供にも最適。後ろはゴムを使い、しっかりフィットしやすくなっています。

yarn_エコアンダリヤ／星野真美／How to P.78

M

レーシーハット

日差しが厳しくないときや、やさしく遮りたいときには、
レースのような透かし模様のハットを。風通しはもちろん
ファッション性の高いデザインが魅力。カーブした縁は、
芯材が入っているため自由に曲げて形作ることができます。

yarn_ウオッシュコットン／星野真美／How to P.80

N

クロッシェハット

綿麻混紡糸でクラウン、ささ和紙糸でブリムを編んだセパレートデザイン。やや高めのクラウンは熱がこもりにくく、綿麻混紡糸のソフトな手触りと清涼感でかぶり心地もアップ。折りたたみやすく持ち運びにも向いています。

yarn_リネンラミーコットン並太、SASAWASHI／yohnKa／How to P.82

o

透かし模様入りキャスケット

夏のお出かけに麦わら帽子以外を合わせるなら、
都会的なキャスケットもおすすめです。頭部は透
かし模様入りで風通しをよくしつつ、余裕をもた
せた高さで髪がつぶれにくくなっています。

yarn_SASAWASHI／yohnKa／How to P.84

PLAN-4

ひと工夫のある夏こもの

夏の帽子に合わせ、手作りしたいこものたち。
欲しいのは、あまり時間をかけずにできるのに
どこか凝って見えるデザイン。

P/Q

蔓模様のかごバッグとポーチ

まるであけびの蔓を編んだような模様は思わず目を引く
美しさ。玉編みで目をくるむことで、蔓が巻きついたよ
うな模様が生まれます。存在感があるのでスマホポーチ
などちいさめアイテムに取り入れるのもおすすめ。

yarn_SASAWASHI／Sachiyo＊Fukao／How to p.86, 88

R

スパイラル持ち手のかごバッグ

細編みと中長編みだけでできる編地は端正なリズム
を刻んでいるよう。スパイラル模様が美しい持ち手
は筒状で持ちやすいのが特徴。芯要らずでふっくら
とした厚みに仕上がります。

yarn_マニラヘンプヤーン／marshell／How to P.53, 90

S/T

つつみ編みのバッグ

リネンやコットンのひもをつつみ編みして作るバッグは、ざくざくと編めて1日で完成できるため、初心者にもおすすめ。芯のロープの重量は加わるものの、形崩れせず異素材ミックスの面白さが楽しめます。

yarn_マニラヘンプヤーン／marshell／How to p.54, 92

HOW TO

作品の編み方

・ゲージを確認する場合は、大きめに試し編みした編み地で
　10cm四方の目数と段数を数えましょう。
・編み終わりは、糸を15cm程残してカットし、とじ針で裏側の編み地にくぐらせて始末します。
　編み始めの糸も同様に始末します。
・基本の編み方と編み目記号は、94～98ページにあります。

作る前に－帽子の基本知識

帽子の各部位

トップ
（トップクラウン）

サイド
（サイドクラウン）

クラウン

ブリム
（つば）

本書では、文中や作り方の説明において、クラウンをトップ、サイドに分けて説明しています。

帽子のかぶり方

一般的に水平または後ろ下がりにかぶります。トップがフラットなカンカン帽や、トップにへこみがある中折れ帽やくぼみ形はやや浅めにかぶります。同じ帽子でもつばを曲げると印象が変化するため（下／作品I）、日差しやファッションに合わせて好みで調整しましょう。

帽子のサイズについて

日本人

西洋人

サイズの測り方

本書では、西洋人に比べ、全体的に丸い形をした日本人の頭の形に合わせ、かぶり口を円形にしています。また、頭囲は主に日本人女性の平均の57～58cmの設計になっています。自分の頭囲を測る際は、前側はおでこ、後頭部は最も出っ張った部分を基準にメジャーでぐるりと測りましょう。

◎サイズの調整について

帽子はトップからサイドに向かって編むため、ある程度編み進んだら、実際にかぶってみてかぶり具合を確かめましょう。大きい場合は手加減をきつくするか、針を1～2号小さくしましょう。小さい場合は手加減をゆるくするか、針を1～2号大きくしましょう。大き過ぎる場合は、市販のサイズ調整テープ（右）をかぶり口に貼る手段もあります。

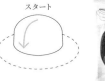

スタート

帽子ピタッとテープ
（キャプテン）

シールタイプで簡単。
色は白と黒。

芯材について

本書のA～Jのベーシックデザインについては使用していませんが、つばの形をしっかりさせたい場合に便利なのが芯材です。作品M（右写真）のように、やわらかい糸も芯材を編みくるむと張りが出て、形をキープすることができます。

テクノロート（ハマナカ）

ポリエチレン製の芯材。
白（約0.7mm）と黒（約0.9mm）があります。

熱収縮チューブ（ハマナカ）

テクノロートの端をくるむチューブ。ドライヤーで収縮させます。

接着剤
ボンド 裁ほう上手 スティック
（コニシ）
アイロン要らずでカンタン。両面に塗ることで強力接着。洗濯も可。

透明糸
フジックス モノカラー
60番
透明なためどんな色にも合い、縫い目が目立ちません。

1

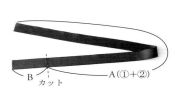

リボンを用意する。写真は、A＝巻き用83.5cm（①帽子のサイド外周＋のり代1cm）、②リボンの輪片幅5.5cm×3倍＋のり代1.5cm）、B＝まとめ用9.5cm（使用リボンの幅3.8cm×2倍＋のり代約2cm）の合計93cm。

2

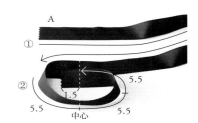

AとBにカットし、Aの片端を②のリボンの輪（5.5cmの3倍＋のり代1.5cm）の分を折る

3

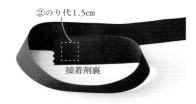

2で折った端ののり代（裏）と貼り合わせる側の両方に接着剤を塗ってしっかりと貼り合わせる。

4

3と反対側の端（①のり代1cm）にも写真のように接着剤を塗る。

5

3を2のリボンの輪の中心から1cm内側にずらして重ね、貼り合わせる側にも接着剤を塗ってしっかりと貼り合わせる。

6

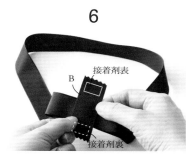

Bの両端（のり代1cm）と表と裏に接着剤を塗り、表のリボンの輪に中心を合わせて重ね、下（接着剤裏側）→上（接着剤表側）の順に重ねて貼る。

7

Bのリボンを指でギュッと押さえて巻くと、輪が立体的になる。接着後は強度を出すため重しなどを上におき、24時間おいてください。

8

腰巻部分にかぶせ、透明糸で数カ所縫いとめる（ひと針すくう）と、縫い目が目立たない。縫い終わりと縫い始めの糸は、編地にくぐらせて始末する。

R スパイラル持ち手の編み方 ───────────── 47ページ作品

1

作り目のくさり9目を編む。

2

1段めを編む。立ち上がりのくさりを
編まず、くさり1目めの上側半目を拾
い、細編みを1目編む。

3

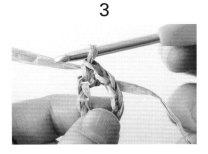

輪になる。以降も同様に、内側の表を
見ながらくさりの上側半目を拾って細
編みを編む。

4

くさりを拾い、細編みを9目編んだと
ころ。1段めの完成。

5

2段めを編む。立ち上がりのくさりを
編まず、前段の1目めの細編みの裏目
の左足(イラスト)を上から拾い、細編
みを1目編む。

6

同様にして、次の目も矢印のように前
段の裏目の左足を拾って細編みを1目
編む。全部で9目編み、2段めの完成。

7

3段めを編む。2段めと同様に、立ち上
がりのくさりを編まず、前段の裏目の
左足を拾って細編みを9目編む。

8

以降の段もこれを繰り返す。段の始め
の目にリングをつけると目を数えやす
い。

1

作り目のくさり3目を編む。

2

2本のロープを用意し、ロープ端から2
～3cmの位置に針を重ねる。

3

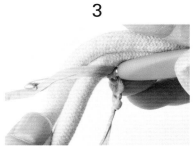

2本のロープの下から針を入れ、糸を
かける。

4

糸をロープの下側に引き出す。

5

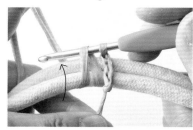

そのまま、さらに上側まで引き出す。

6

その状態で糸をかけ、細編みを1目編む。

7

細編みを1目編んだところ。ロープ2
本がつつまれ、つつみ編みができる。

8

くさりを1目編み、再び細編み1目でつ
つみ編みをする。

9

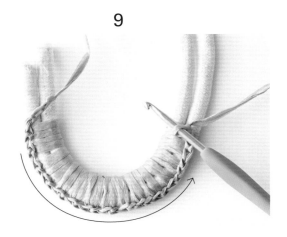

細編み1目とくさり1目を交互に編み、1段めの完成。

10

2段めを編む。立ち上がりのくさりを編まずに編み始め、1目めは1段めの2目めのくさりをそっくり(束に)拾う。

11

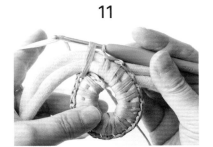

ロープの下から針を入れ、糸を上まで引き出し、細編み1目を編む。

12

続けて、同じ目にくさり1目、細編み1目を編み入れる(くさり1目を間に細編み2目編み入れる)。輪になる。

13

反対側を押さえながら、端を引いて締める

同様に、前段のくさりを拾って編み、途中でロープ端を引いて輪を引き締める。

ザクザクと編め、ロープによってしっかりとしたバッグに。編み終わり後、内側底の編み始めのロープ端は、長い場合は適当な長さにカットし、テープなどで端をくるんでほつれを防止します。

A ラウンドトップのボウルブリム

糸　メルヘンアート マニラヘンプヤーン
　　（約20g玉巻）
　　ストロー（507）…93g
　　［トップとサイド58g／ブリム35g］
針　かぎ針6/0号・とじ針
ゲージ　細編み19目×20段＝10cm角
サイズ　頭囲58cm　深さ9.5cm

[編み方]

1　〈トップ〉わの作り目をして、細編みを8目編み入れ、増し目をしながら14段めまで細編みを編む。

2　〈サイド〉トップから続けて編む。2、4段めでそれぞれ増し目をし、5段めからは増減なしで19段めまで細編みを編む。

3　〈ブリム〉サイドから続けて編む。1段めは5目ごとに増し目をしながら、前段の細編みの頭の手前側半目を拾って細編みを編む。
4、7段めでそれぞれ増し目をし、8段めからは増減なしで12段めまで細編みを編む。

4　最終段から続けて1周引き抜き編みをし、最後は前段1目めにチェーンつなぎする。

**A～E の帽子はトップ（サイド含む）と
ブリムの組み合わせの変更が可能**

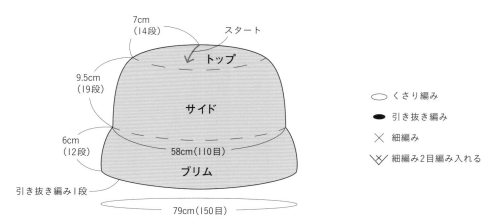

7cm
（14段）　　　スタート

トップ

9.5cm
（19段）

サイド

58cm（110目）

6cm
（12段）

ブリム

引き抜き編み1段

79cm（150目）

◯ くさり編み

● 引き抜き編み

✕ 細編み

Ⅴ 細編み2目編み入れる

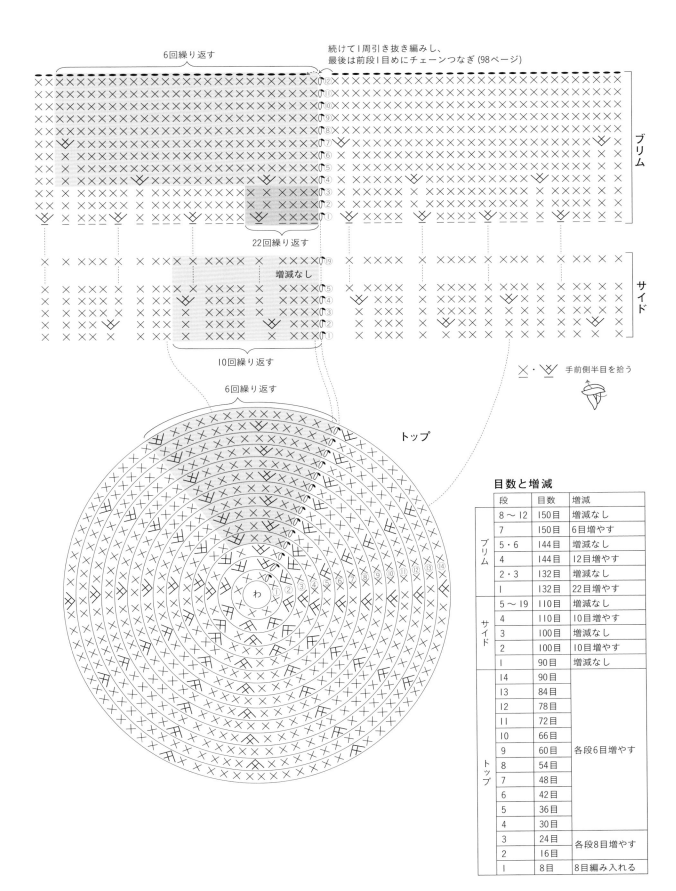

6回繰り返す

続けて1周引き抜き編みし、最後は前段1目めにチェーンつなぎ (98ページ)

ブリム

22回繰り返す

サイド

増減なし

10回繰り返す

6回繰り返す

トップ

わ

✕・❤ 手前側半目を拾う

目数と増減

	段	目数	増減
ブリム	8～12	150目	増減なし
	7	150目	6目増やす
	5・6	144目	増減なし
	4	144目	12目増やす
	2・3	132目	増減なし
	1	132目	22目増やす
サイド	5～19	110目	増減なし
	4	110目	10目増やす
	3	100目	増減なし
	2	100目	10目増やす
	1	90目	増減なし
トップ	14	90目	
	13	84目	
	12	78目	
	11	72目	
	10	66目	
	9	60目	各段6目増やす
	8	54目	
	7	48目	
	6	42目	
	5	36目	
	4	30目	
	3	24目	各段8目増やす
	2	16目	
	1	8目	8目編み入れる

B ラウンドトップの後ろ割れブリム

糸　メルヘンアート マニラヘンプヤーン
（約20g玉巻）
ストロー（507）…86g
［トップとサイド54g／ブリム32g］
針　かぎ針6/0号・とじ針
ゲージ　細編み19目×20段＝10cm角
サイズ　頭囲58cm　深さ9.5cm

編み方

1　〈トップ〉わの作り目をして、細編みを8目編み入れ、増し目をしながら14段めまで細編みを編む。

2　〈サイド〉トップから続けて編む。2、4段めでそれぞれ増し目をし、5段めからは増減なしで19段めまで細編みを編む。

3　〈ブリム〉サイドから続けて編む。1段めは5目ごとに増し目をしながら、前段の細編みの頭の手前側半目を拾って細編みを編む。2段めからは往復編みで編む。後ろ割れ部分は各段、それ以外は5、7段めでそれぞれ増し目をしながら11段めまで細編みを編む。11段めの終わりは1段めの目を拾って細編み2目一度を編む。

4　続けて1周引き抜き編みをし、最後は前段1目めにチェーンつなぎする。

**A～E の帽子はトップ（サイド含む）と
ブリムの組み合わせの変更が可能**

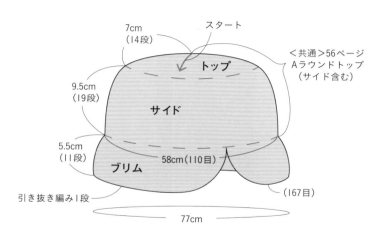

7cm
（14段）

スタート

トップ

＜共通＞56ページ
Aラウンドトップ
（サイド含む）

9.5cm
（19段）

サイド

5.5cm
（11段）

58cm（110目）

ブリム

（167目）

引き抜き編み1段

77cm

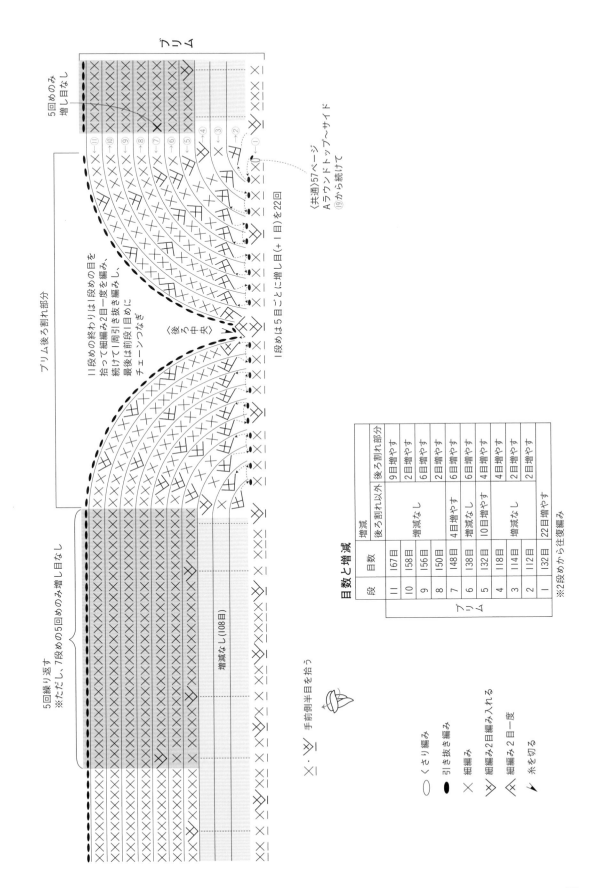

ブリム

5回めのみ
増し目なし

ブリム後ろ割れ部分

11段めの終わりは1段めの目を
拾って細編み2目一度を編み、
続けて1周引き抜き編みし、
最後は前段1目めに
チェーンつなぎ

〈後ろ中央〉

1段めは5目ごとに増し目(+1目)を22回

〈共通〉57ページ
Aラウンドトップ～サイド
⑨から続けて

5回繰り返す
※ただし、7段めの5回めのみ増し目なし

増減なし(108目)

×・・ 手前側半目を拾う

◯ くさり編み
● 引き抜き編み
× 細編み
 細編み2目編み入れる
 細編み2目一度
✄ 糸を切る

目数と増減

段	目数	増減	
		後ろ割れ以外	後ろ割れ部分
11	167目		9目増やす
10	158目	増減なし	2目増やす
9	156目		6目増やす
8	150目		2目増やす
7	148目	4目増やす	6目増やす
6	138目	増減なし	6目増やす
5	132目	10目増やす	4目増やす
4	118目		4目増やす
3	114目	増減なし	2目増やす
2	112目		2目増やす
1	132目	22目増やし編み	

※2段めから往復編み

C 中折れのストレートブリム 14ページ作品

糸　メルヘンアート　マニラヘンプヤーン
　　（約20g玉巻）
　　ストロー（507）…96g
　　［トップとサイド68g／ブリム28g］
針　かぎ針6/0号・かぎ針7/0号・とじ針
ゲージ　細編み19目×20段＝10cm角
　　　　模様編み　5柄（20目）＝9.7cm
サイズ　頭囲58cm　深さ7cm

編み方

1　〈トップ〉6/0号でくさり編み17目の作り
目をして細編みをぐるりと38目編み入れ、増
し目をしながら10段めまで細編みを編む。
続けて1周引き抜き編みをする。
2　〈サイド〉トップから続けて編む。1段め
はトップ10段めの細編みの目を拾って細編
みを増減なく編む。5、10、18段めでそれぞれ
増し目をし、19段めは増減なしで細編みを編
む。20～22段めのみ7/0号で模様編みを増減
なしで3段編む。6/0号に替えて23段めで減
らし目をし、24段めは増減なしでそれぞれ細
編みを編む。
3　〈ブリム〉サイドから続けて編む。1段め
は増し目をしながら、前段の細編みの頭の手
前側半目を拾って細編みを編む。5、8段めで
それぞれ増し目をし、9、10段めは増減なしで
細編みを編む。
4　最終段から続けて1周引き抜き編みをし、
最後は前段1目めにチェーンつなぎする。

目数と増減

	段	目数	増減
ブリム	9・10	156目	増減なし
	8	156目	13目増やす
	6・7	143目	増減なし
	5	143目	13目増やす
	2～4	130目	増減なし
	1	130目	20目増やす
サイド	24	110目	増減なし
	23	110目	10目減らす
	20～22	120目	模様編み、増減なし
	19	120目	増減なし
	18	120目	10目増やす
	11～17	110目	増減なし
	10	110目	10目増やす
	6～9	100目	増減なし
	5	100目	10目増やす
	1～4	90目	増減なし
トップ	10	90目	前1目、後ろ2目増やす
	9	87目	前2目、後ろ4目増やす
	8	81目	前2目、後ろ6目増やす
	7	73目	前後各4目増やす
	6	65目	
	5	59目	前2目、後ろ4目増やす
	4	53目	
	3	47目	前1目、後ろ4目増やす
	2	42目	前後各2目増やす
	1	38目	

※作り目　くさり編み17目
※サイド20～22段めの模様編みは、
　かぎ針7/0号で編む

A～E の帽子はトップ（サイド含む）と ブリムの組み合わせの変更が可能

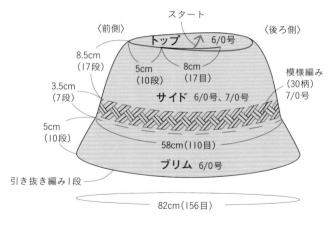

〈前側〉　　スタート　　〈後ろ側〉
トップ　6/0号
8.5cm（17段）
5cm（10段）　8cm（17目）
3.5cm（7段）
サイド　6/0号、7/0号
模様編み（30柄）7/0号
5cm（10段）
58cm（110目）
ブリム　6/0号
引き抜き編み1段
82cm（156目）

60

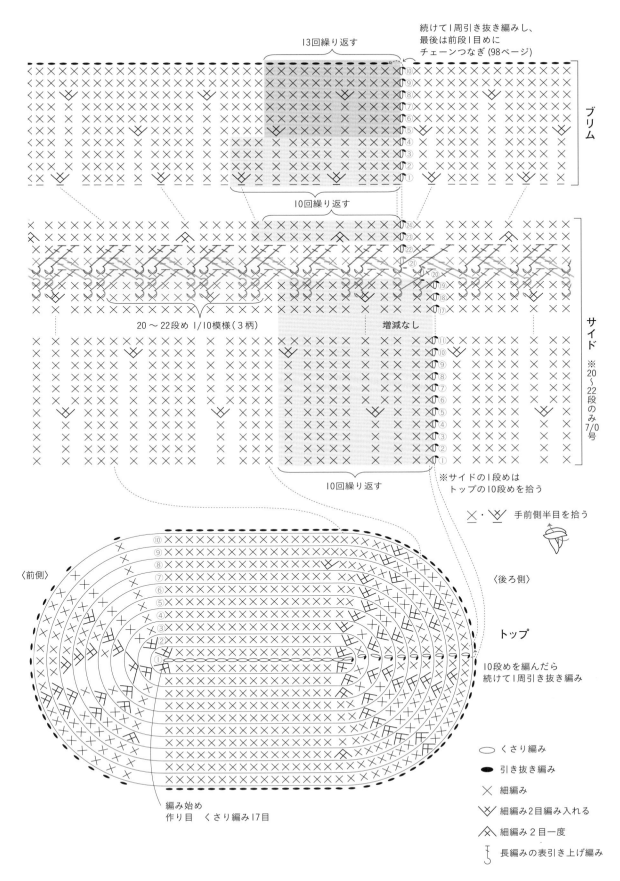

続けて1周引き抜き編みし、
最後は前段1目めに
チェーンつなぎ（98ページ）

13回繰り返す

ブリム

10回繰り返す

20〜22段め 1/10模様（3柄）

増減なし

サイド

※20〜22段のみ7/0号

10回繰り返す

※サイドの1段めは
トップの10段めを拾う

✕・❤️ 手前側半目を拾う

〈前側〉

〈後ろ側〉

トップ

10段めを編んだら
続けて1周引き抜き編み

編み始め
作り目　くさり編み17目

◯　くさり編み

●　引き抜き編み

✕　細編み

❤️　細編み2目編み入れる

⋀　細編み2目一度

　長編みの表引き上げ編み

61

D へこみトップのカールブリム

17ページ作品

糸　メルヘンアート マニラヘンプヤーン
　　（約20g玉巻）
　　ミルク（511）…89g
　　[トップとサイド64g／ブリム25g]
針　かぎ針6/0号・とじ針
ゲージ　細編み19目×20段＝10cm角
サイズ　頭囲58cm　深さ9cm

[編み方]

1　〈トップ〉わの作り目をして、細編みを8目
編み入れ、増し目をしながら12段めまで細編
みを編む。13段めからは増減なしで編み、16
段めは前段の細編みの頭の手前側半目を拾っ
て細編みを編む（16、17段が折り山となる）。
2　〈サイド〉トップから続けて編む。1、4、
7段めでそれぞれ増し目をし8段めからは増
減なしで23段めまで細編みを編む。
3　〈ブリム〉サイドから続けて編む。1段め
は5目ごとに増し目をしながら、前段の細編
みの頭の手前側半目を拾って細編みを編む。
5、8段めでそれぞれ増し目をし、9段めまで
細編みを編む。
4　最終段から続けて1周引き抜き編みをし、
最後は前段1目めにチェーンつなぎする。

**A〜Eの帽子はトップ（サイド含む）と
ブリムの組み合わせの変更が可能**

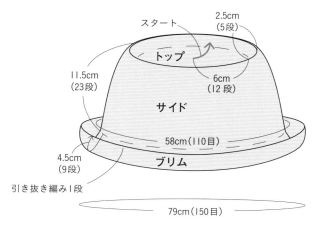

目数と増減

	段	目数	増減
ブリム	9	150目	増減なし
	8	150目	6目増やす
	6・7	144目	増減なし
	5	144目	12目増やす
	2〜4	132目	増減なし
	1	132目	22目増やす
サイド	8〜23	110目	増減なし
	7	110目	10目増やす
	5・6	100目	増減なし
	4	100目	10目増やす
	2・3	90目	増減なし
	1	90目	6目増やす
トップ	13〜17	84目	増減なし
	12	84目	各段6目増やす
	11	78目	
	10	72目	各段8目増やす
	9	64目	
	8	56目	
	7	48目	各段6目増やす
	6	42目	
	5	36目	
	4	30目	
	3	24目	各段8目増やす
	2	16目	
	1	8目	8目編み入れる

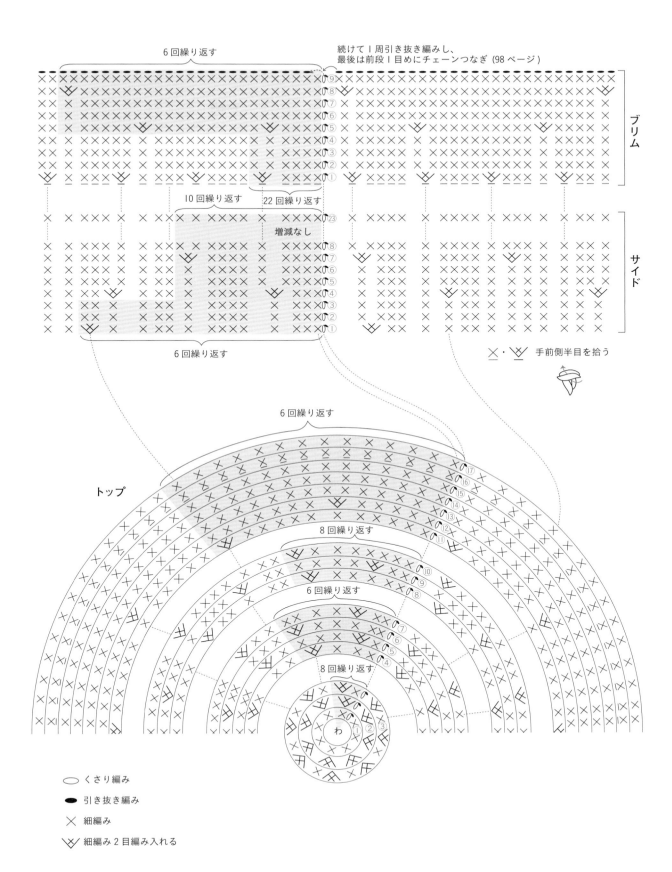

6回繰り返す

続けて1周引き抜き編みし、
最後は前段1目めにチェーンつなぎ (98ページ)

ブリム

10回繰り返す

22回繰り返す

増減なし

サイド

6回繰り返す

×・<kbd>Ｗ</kbd> 手前側半目を拾う

6回繰り返す

トップ

8回繰り返す

6回繰り返す

8回繰り返す

わ

⬭ くさり編み

⬬ 引き抜き編み

× 細編み

<kbd>Ｗ</kbd> 細編み2目編み入れる

E　ポークパイのストレートブリム

糸　メルヘンアート マニラヘンプヤーン
　　（約20g玉巻）
　　ミルク（511）…91.9g
　　［トップとサイド63.8g／ブリム28.1g］
針　かぎ針6/0号・とじ針
ゲージ　細編み19目×20段＝10cm角
サイズ　頭囲58cm　深さ7.5cm

編み方

1　1〈トップ〉わの作り目をして細編みを8目編み入れ、14段めまでは増し目をしながら、15段めからは増減なしで細編みを編む。16段めから続けて1周引き抜き編みを編み、17段めは引き抜き編みの目2本を拾って編む。続けて編み地の裏側を見ながら逆方向に20段めの細編みを増減なく編み、続けて1周引き抜き編みを編む。

2〈サイド〉トップから続けて編み地の表側を見ながら編む。1段めは前の引き抜き編みの目2本を拾って細編みを増減なく編む。5、8段めでそれぞれ増し目をし、9段めからは増減なしで19段めまで細編みを編む。

3〈ブリム〉サイドから続けて編む。1段めは増し目をしながら、前段の細編みの頭の手前側半目を拾って細編みを編む。5、8段めでそれぞれ増し目をし、9、10段めは増減なしで細編みを編む。

4　最終段から続けて1周引き抜き編みをし、最後は前段1目めにチェーンつなぎする。

A～E の帽子はトップ（サイド含む）と ブリムの組み合わせの変更が可能

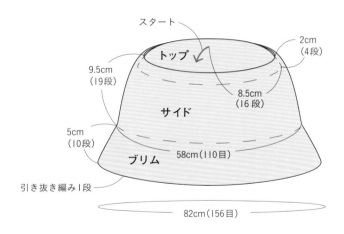

目数と増減

段		目数	増減
ブリム	9・10	156目	増減なし
	8	156目	13目増やす
	6・7	143目	増減なし
	5	143目	13目増やす
	2～4	130目	増減なし
	1	130目	20目増やす
サイド	9～19	110目	増減なし
	8	110目	10目増やす
	6・7	100目	増減なし
	5	100目	10目増やす
	1～4	90目	増減なし
トップ	15～20	90目	増減なし
	14	90目	
	13	84目	
	12	78目	
	11	72目	
	10	66目	
	9	60目	各段6目増やす
	8	54目	
	7	48目	
	6	42目	
	5	36目	
	4	30目	
	3	24目	各段8目増やす
	2	16目	
	1	8目	8目編み入れる

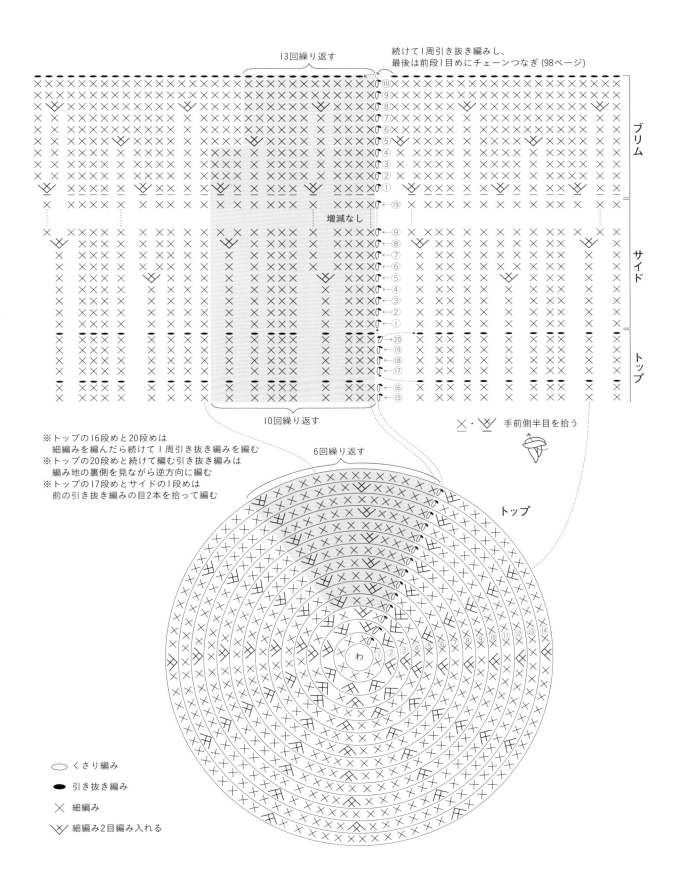

13回繰り返す

続けて1周引き抜き編みし、
最後は前段1目めにチェーンつなぎ (98ページ)

ブリム

増減なし

サイド

トップ

10回繰り返す

※トップの16段めと20段めは
　細編みを編んだら続けて1周引き抜き編みを編む
※トップの20段めと続けて編む引き抜き編みは
　編み地の裏側を見ながら逆方向に編む
※トップの17段めとサイドの1段めは
　前の引き抜き編みの目2本を拾って編む

6回繰り返す

× ・ ⋎ 手前側半目を拾う

トップ

わ

◯ くさり編み

● 引き抜き編み

× 細編み

⋎ 細編み2目編み入れる

65

F スタンダードなフラットハット

糸 DARUMA SASAWASHI FLAT
　（約25gカセ巻）
　ナチュラル（101）…80g
その他　リボン（38mm幅・黒）…100cm
針　かぎ針4/0号・とじ針・接着剤・透明糸
ゲージ　細編み22目×25段=10cm角
サイズ　頭囲57cm　深さ9cm

編み方

1　〈トップ〉わの作り目をして、細編みを7目編み入れ、増し目をしながらトップ17段めまで細編みを編む。18段めは増し目をせず、裏側から編む。
2　〈サイド〉トップから続けて編む。1段め、10段めでそれぞれ増し目をし、11段めからは増減なしで23段めまで細編みを編む。
3　〈ブリム〉サイドから続けて編む。指定の段で増し目をしながら15段めまで細編みを編む。
4　最終段から続けて1周引き抜き編みをし、最後は前段1目めにチェーンつなぎする。
5　トップの最終段にチェーンステッチをする。
6　52ページの通り、リボンを作り、帽子につける。

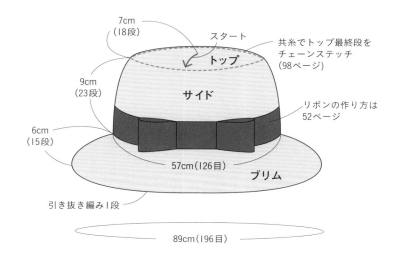

7cm（18段）
スタート
共糸でトップ最終段をチェーンステッチ（98ページ）
トップ
9cm（23段）
サイド
リボンの作り方は52ページ
6cm（15段）
57cm（126目）
ブリム
引き抜き編み1段
89cm（196目）

目数と増減

✕　細編み
Ⓥ　細編み2目編み入れる
●　引き抜き編み
↗　糸を切る

	段	目数	増減
ト ッ プ	18	119目	増減なし
	17	119目	各段7目増やす
	16	112目	
	15	105目	
	14	98目	
	13	91目	
	12	84目	
	11	77目	
	10	70目	
	9	63目	
	8	56目	
	7	49目	
	6	42目	
	5	35目	
	4	28目	
	3	21目	
	2	14目	
	1	7目	7目編み入れる

	段	目数	増減
ブ リ ム	15	196目	増減なし
	14	196目	7目増やす
	13	189目	増減なし
	12	189目	7目増やす
	11	182目	増減なし
	10	182目	7目増やす
	9	175目	増減なし
	8	175目	各段7目増やす
	7	168目	
	6	161目	増減なし
	5	161目	各段7目増やす
	4	154目	
	3	147目	
	2	140目	
	1	133目	
サ イ ド	11〜23	126目	増減なし
	10	126目	3目増やす
	2〜9	123目	増減なし
	1	123目	4目増やす

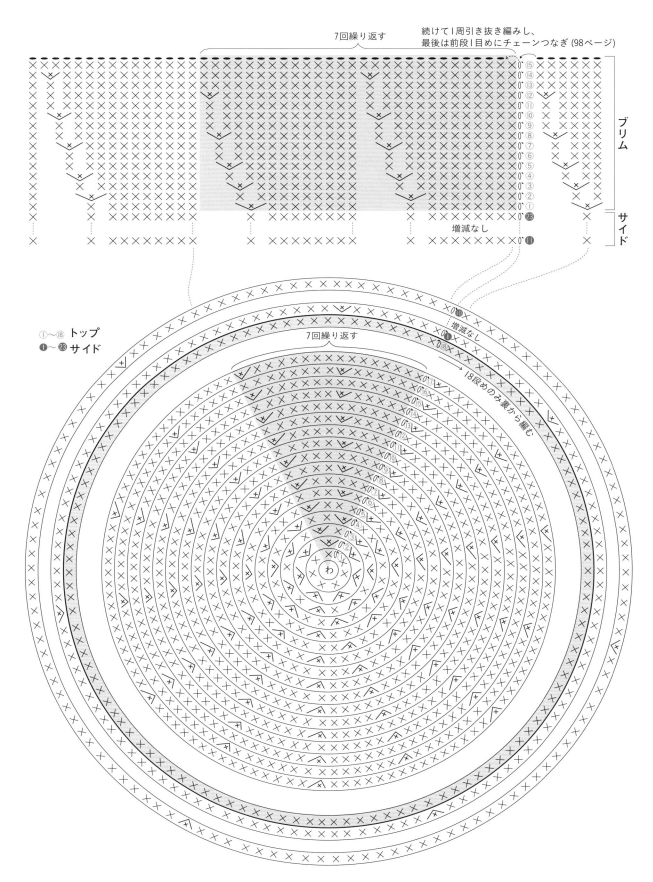

続けて1周引き抜き編みし、
最後は前段1目めにチェーンつなぎ (98ページ)

7回繰り返す

ブリム

サイド

増減なし

①〜⑱ トップ
❶〜㉓ サイド

7回繰り返す

増減なし

18段めのみ裏から編む

わ

G つば丸のフラットハット

26ページ作品

糸　DARUMA SASAWASHI FLAT
　　（1カセ25g）
　　ナチュラル（101）…120g
その他　リボン（黒・24mm幅）…90cm
針　かぎ針4/0号・とじ針・接着剤・透明糸
ゲージ　細編み22目×25段＝10cm角
サイズ　頭囲57cm　深さ9cm

編み方

1　〈トップ〉輪の作り目をして、細編みを7目編み入れ、増目をしながらトップ17段めまで細編みを編む。18段めは増目をせず、裏側から編む。
2　〈サイド〉トップから続けて編む。1段め、10段めでそれぞれ増目をし、11段めからは増減なしで23段めまで細編みを編む。
3　〈ブリム〉サイドから続けて編む。指定の段で増目しながら21段めまで細編みを編む。
4　最終段から続けて1周引き抜き編みをし、最後は前段1目めにチェーンつなぎする。
5　52ページの通り、リボンを作り、帽子につける。

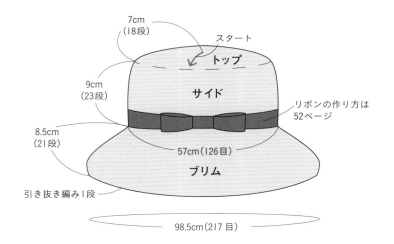

7cm（18段）
スタート
トップ
9cm（23段）
サイド
リボンの作り方は52ページ
8.5cm（21段）
57cm（126目）
ブリム
引き抜き編み1段
98.5cm（217目）

7目編み、増し目（＋1目）後、
32目おきに（42目め／76目め／110目め）増し目（＋1目）

⑪に続く

①～⑱　トップ
❶～㉓　サイド

25目編み、増し目（＋1目）後、
33目おきに（61目め／96目め）増し目（＋1目）

7回繰り返す

増減なし

18段めのみ裏から編む

わ

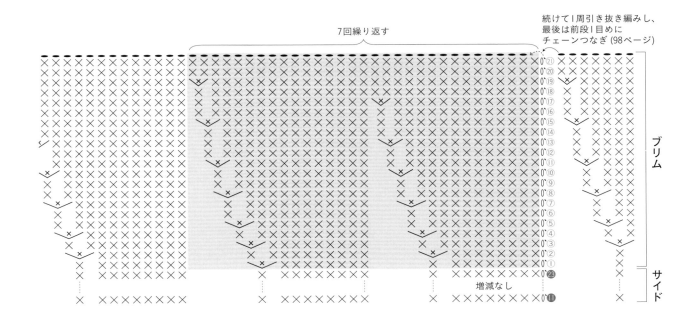

7回繰り返す

続けて1周引き抜き編みし、
最後は前段1目めに
チェーンつなぎ (98ページ)

増減なし

ブリム

サイド

× 細編み

細編み2目編み入れる

引き抜き編み

目数と増減

	段	目数	増減
サイド	11〜23	126目	増減なし
	10	126目	3目増やす
	2〜9	123目	増減なし
	1	123目	4目増やす
トップ	18	119目	増減なし
	17	119目	各段7目増やす
	16	112目	
	15	105目	
	14	98目	
	13	91目	
	12	84目	
	11	77目	
	10	70目	
	9	63目	
	8	56目	
	7	49目	
	6	42目	
	5	35目	
	4	28目	
	3	21目	
	2	14目	
	1	7目	7目編み入れる

	段	目数	増減
ブリム	21	217目	増減なし
	20	217目	
	19	217目	7目増やす
	18	210目	増減なし
	17	210目	7目増やす
	16	203目	増減なし
	15	203目	7目増やす
	14	196目	増減なし
	13	196目	7目増やす
	12	189目	増減なし
	11	189目	各段7目増やす
	10	182目	
	9	175目	増減なし
	8	175目	3目増やす
	7	168目	
	6	161目	増減なし
	5	161目	各段7目増やす
	4	154目	
	3	147目	
	2	140目	
	1	133目	

H つば広のキャペリンハット

糸　DARUMA SASAWASHI FLAT
（約25gカセ巻）
ナチュラル（101）…132g
その他　グログランリボン（24mm幅・カーキ）…90cm
針　かぎ針5/0号・とじ針・接着剤・透明糸
ゲージ　細編み18目×22段＝10cm角
サイズ　頭囲54.5cm　高さ5.4cm

編み方

1　〈トップ〉わの作り目をして、細編みを6目編み入れ、増し目をしながらトップ15段めまで細編みを編む。16段めは増し目をせず、裏側から編む。

2　〈サイド〉トップから続けて編む。1段め、4段めでそれぞれ増し目をし、5段めからは増減なしで12段めまで細編みを編む。

3　〈ブリム〉サイドから続けて編む。指定の段で増し目をしながら25段めまで細編みを編む。

4　最終段から続けて1周引き抜き編みをし、最後は前段1目めにチェーンつなぎする。

5　52ページの通り、リボンを作り、帽子にかぶせる

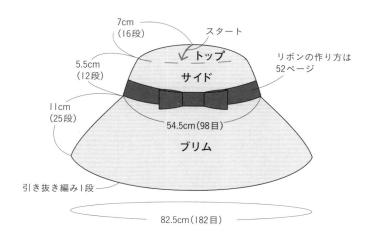

7cm（16段）
5.5cm（12段）
11cm（25段）
スタート
トップ
サイド
リボンの作り方は52ページ
54.5cm（98目）
ブリム
引き抜き編み1段
82.5cm（182目）

①～⑯ トップ
❶～❹ サイド

❺に続く

16段めのみ裏から編む

サイド4段め増し目位置（16目め／64目め）

6回繰り返す

6回繰り返す

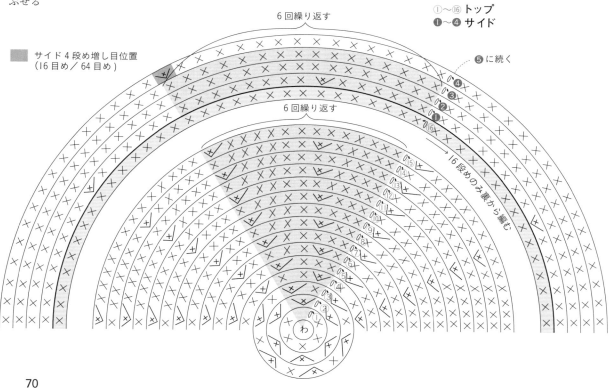

わ

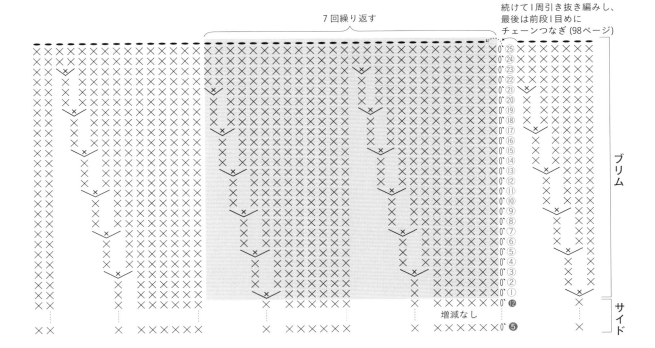

7回繰り返す

続けて1周引き抜き編みし、
最後は前段1目めに
チェーンつなぎ（98ページ）

ブリム

増減なし

サイド

× 細編み

✖ 細編み2目編み入れる

● 引き抜き編み

↗ 糸を切る

目数と増減

	段	目数	増減
サイド	5〜12	98目	増減なし
	4	98目	2目増やす
	2〜3	96目	増減なし
	1	96目	6目増やす
トップ	16	90目	増減なし
	15	90目	各段6目増やす
	14	84目	
	13	78目	
	12	72目	
	11	66目	
	10	60目	
	9	54目	
	8	48目	
	7	42目	
	6	36目	
	5	30目	
	4	24目	
	3	18目	
	2	12目	
	1	6目	6目編み入れる

	段	目数	増減
ブリム	25	182目	増減なし
	24	182目	
	23	182目	7目増やす
	22	175目	増減なし
	21	175目	7目増やす
	20	168目	増減なし
	19	168目	7目増やす
	18	161目	増減なし
	17	161目	7目増やす
	16	154目	増減なし
	15	154目	7目増やす
	14	147目	増減なし
	13	147目	7目増やす
	12	140目	増減なし
	11	140目	7目増やす
	10	133目	増減なし
	9	133目	7目増やす
	8	126目	増減なし
	7	126目	7目増やす
	6	119目	増減なし
	5	119目	7目増やす
	4	112目	増減なし
	3	112目	7目増やす
	2	105目	増減なし
	1	105目	7目増やす

糸 DARUMA SASAWASHI FLAT
(約25gカセ巻)
　　ライトブラウン(103)…70g
その他 シルクジョーゼットリボン(50mm
　　　　幅・黒)…100cm
針 かぎ針4/0号・とじ針
ゲージ 細編み22目×23段=10cm角
サイズ 頭囲57cm 深さ7cm

[編み方]

1 〈サイド〉くさり編みの作り目98目を作り、1段めはくさりの半目と裏山を拾い、往復編みで毎段両端を増し目をしながら細編みを11段編む。12〜16段めは増減なしで編む。
2 〈ブリム〉サイドから続けて編む。往復編みで増し目をしながら細編みを4段めまで編み、5段め以降は増し目をしながら、毎段両端を減目して、18段めまで編む。
3 縁編みを細編みで1周編む。
4 サイド5段とブリム4段を巻きかがる。
5 リボンを結んで、本体に縫いとめる。

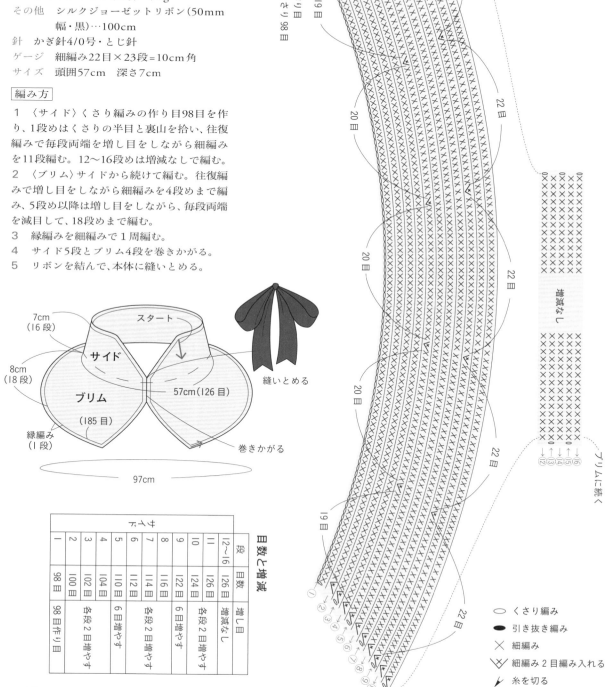

7cm(16段) スタート
サイド
8cm(18段)
ブリム
(185目)
縁編み(1段)
57cm(126目)
巻きかがる
97cm
縫いとめる

目数と増減

	段	目数	増し目
サイド	12〜16	126目	増減なし
	11	126目	各段2目増やす
	10	124目	
	9	122目	6目増やす
	8	116目	各段2目増やす
	7	114目	
	6	112目	
	5	110目	6目増やす
	4	104目	各段2目増やす
	3	102目	
	2	100目	
	1	98目	98目作り目

サイド

22目　19目　作り目 くさり98目　20目　20目　20目　22目　22目　19目　22目　22目

増減なし
ブリムに続く

◯ くさり編み
● 引き抜き編み
× 細編み
Ⅴ 細編み2目編み入れる
↗ 糸を切る

72

ブリム

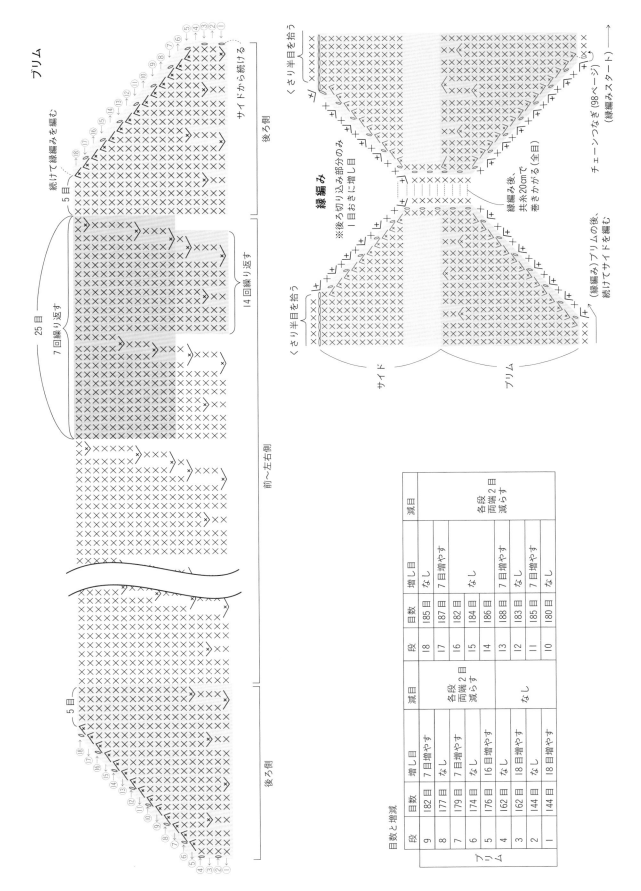

縁編み

目数と増減

段	目数	増し目	減目
18	185目	なし	各段両端2目減らす
17	187目	7目増やす	
16	182目	なし	
15	184目	なし	
14	186目	なし	
13	188目	7目増やす	
12	183目	なし	
11	185目	7目増やす	
10	180目	なし	

	段	目数	増し目	減目
	9	182目	7目増やす	各段両端2目減らす
	8	177目	なし	
	7	179目	7目増やす	
	6	174目	なし	
	5	176目	16目増やす	
	4	162目	なし	なし
	3	162目	18目増やす	
	2	144目	なし	
ブリム	1	144目	18目増やす	

糸　DARUMA GIMA（約30g玉巻）
　　ベージュ（1）…82g
　　ブラック（7）…24g
針　かぎ針7/0号・とじ針
ゲージ　細編み15目×19段=10cm角
サイズ　頭囲52cm　深さ17cm

編み方

1　〈トップ〉わの作り目をして、細編みを6目編み入れ、増し目をしながらトップ12段めまで細編みを編む。

2　〈サイド〉トップから続けて編む。1段め、3段めでそれぞれ増し目をし、4段めからは増減なしで11段めまで細編みを編む。途中、指定の段で糸の色を変えてボーダー模様にする。

3　〈ブリム〉サイドから続けて編む。指定の段で増し目をしながら21段めまで細編みを編む。途中、指定の段で糸の色を変えてボーダー模様にする。

4　最終段から続けて1周引き抜き編みをし、最後は前段1目めにチェーンつなぎする。

目数と増減

	段	目数	増減
ブリム	20〜21	132目	増減なし
	19	132目	各段6目増やす
	18	126目	
	17	120目	増減なし
	16	120目	各段6目増やす
	15	114目	
	14	108目	増減なし
	13	108目	6目増やす
	12	102目	6目増やす
	11	96目	増減なし
	10	96目	各段6目増やす
	9	90目	
	7〜8	84目	増減なし
	5〜6	84目	増減なし
	3〜4	84目	増減なし
	2	84目	増減なし
	1	84目	6目増やす
サイド	10〜11	78目	増減なし
	4〜9	78目	増減なし
	3	78目	6目増やす
	2	72目	増減なし
	1	72目	6目増やす
トップ	12	66目	増減なし
	11	66目	各段6目増やす
	10	60目	
	9	54目	
	8	48目	
	7	42目	
	6	36目	
	5	30目	
	4	24目	
	3	18目	
	2	12目	
	1	6目	6目編み入れる

☐ 糸の色をブラックで編む

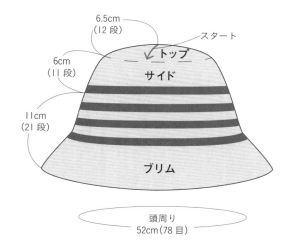

6.5cm（12段）
スタート
トップ
サイド
6cm（11段）
11cm（21段）
ブリム
頭周り 52cm（78目）

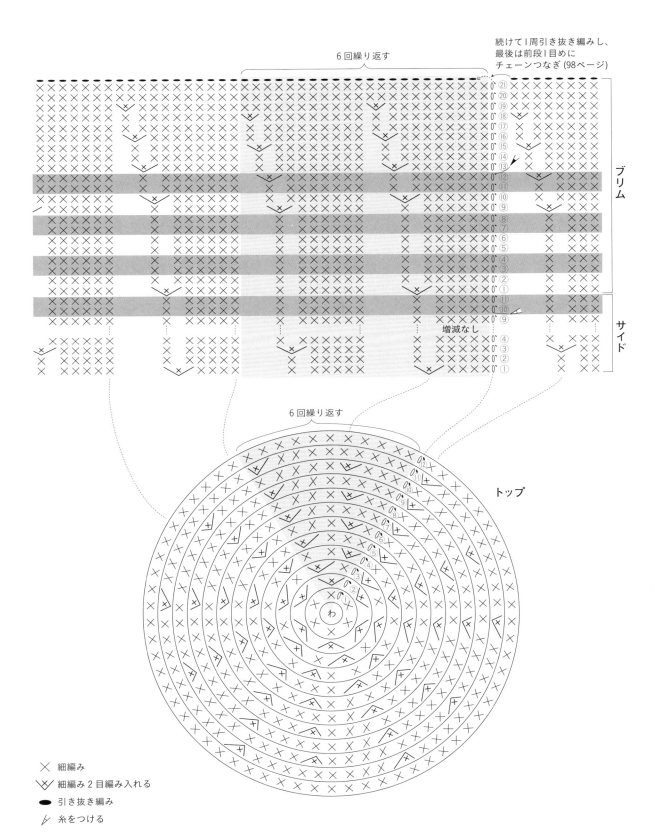

続けて1周引き抜き編みし、
最後は前段1目めに
チェーンつなぎ (98ページ)

6回繰り返す

ブリム

サイド

増減なし

6回繰り返す

トップ

わ

× 細編み

\\/ 細編み2目編み入れる

● 引き抜き編み

\\ 糸をつける

糸 DARUMA SASAWASHI（約25gカセ巻）
　　ダークオリーブ(6)…147g
針 かぎ針6/0号・とじ針
ゲージ 細編み17.5目×18.5段＝10cm角
　　　中長編み19目×10段＝10cm角
サイズ 頭囲52cm 深さ8.5cm

編み方

1 〈トップ〉わの作り目をして、細編みを7目
編み入れ、各段7目ずつ増し目をしながら13
段めまで細編みを編む。

2 〈サイド〉トップから続けて、細編みを増
減なしで16段編む。

3 〈ブリム〉サイドから続けて編む。3段め
まで各段7目ずつ増し目をしながら細編みを
編む。4段めからは奇数段で7目ずつ増し目
をしながら21段めまで編み、続けて24段め
まで増減なく編む。

4 くさり編みでループを4本、コードを1
本編み、ループ付け位置にループを付け、コー
ドを2周して通し後ろで結ぶ。

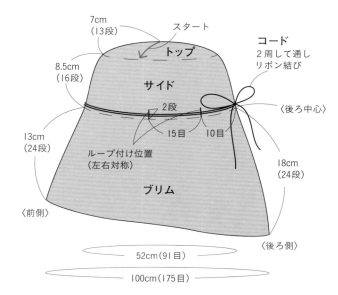

7cm（13段）　スタート　コード 2周して通し リボン結び
8.5cm（16段）　トップ
サイド
2段
15目　10目
13cm（24段）　〈後ろ中心〉
ループ付け位置（左右対称）
ブリム
〈前側〉
18cm（24段）
〈後ろ側〉
52cm（91目）
100cm（175目）

目数と増減

段	目数	増減
24	175目	
23	175目	増減なし
22	175目	
21	175目	7目増やす
20	168目	増減なし
19	168目	7目増やす
18	161目	増減なし
17	161目	7目増やす
16	154目	増減なし
15	154目	7目増やす
14	147目	増減なし
13	147目	7目増やす
12	140目	増減なし
11	140目	7目増やす
10	133目	増減なし
9	133目	7目増やす
8	126目	増減なし
7	126目	7目増やす
6	119目	増減なし
5	119目	7目増やす
4	112目	増減なし
3	112目	
2	105目	各段7目増やす
1	98目	

（ブリム）

コード　1本
糸端はひと結びして1cmにカットする
くさり編み280目（178cm）

ループ　4本
糸端はとじ付け用に長めに残しておく
くさり編み4目（2cm）

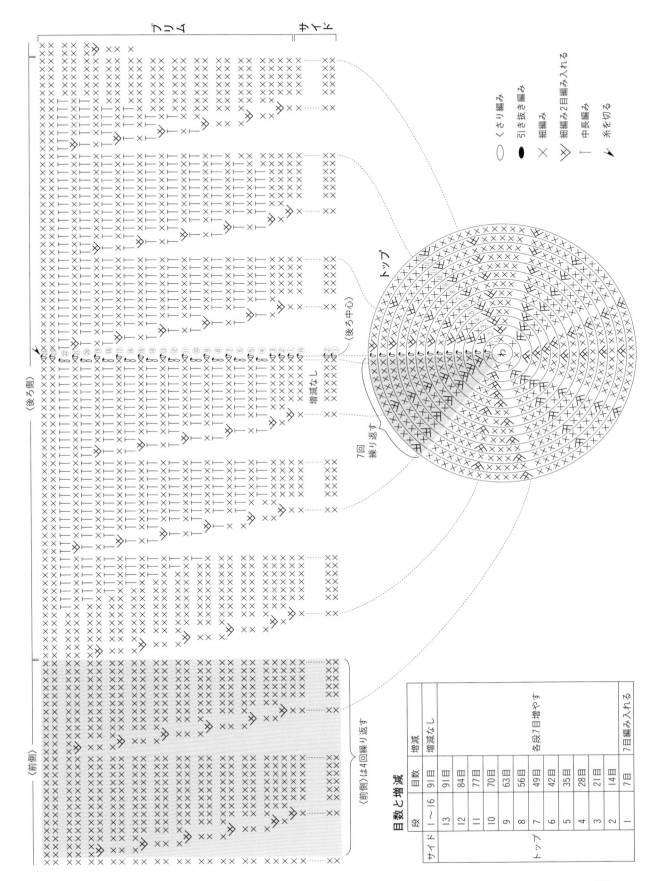

トップ

《後ろ中心》

増減なし

7回
繰り返す

《前側》は4回繰り返す

《前側》

ブリム

サイド

《後ろ側》

記号説明:
◯ くさり編み
● 引き抜き編み
✕ 細編み
⋎ 細編み2目編み入れる
⊤ 中長編み
✘ 糸を切る

目数と増減

段	目数	増減
サイド	1〜16	91目	増減なし
ブリム	13	91目	増減なし
	12	84目	
	11	77目	
	10	70目	
	9	63目	各段7目増やす
トップ	8	56目	
	7	49目	
	6	42目	
	5	35目	
	4	28目	
	3	21目	
	2	14目	
	1	7目	7目編み入れる

糸　ハマナカ エコアンダリヤ(約40g玉巻)
　　ベージュ(23)…84g
　　黒(30)…13g
その他　直径5cm市販の丸ゴム(ヘアゴム黒)
　　　　…1個
針　かぎ針6/0号・とじ針
ゲージ　細編み20目×16段＝10cm角
サイズ　頭囲57cm　高さ4cm

[編み方]
1　〈ベルト〉23番の糸でくさり編み111目の
作り目をして、1段めはくさりの裏山を拾い
細編みを増減なく編む。30番の糸に替え、増
減なしで4段編む。23番の糸に替え、細編み
を増減なく1段編む。
2　〈ブリム〉23番の糸でくさり編み11目の
作り目をして、1段めはくさりの裏山を拾い
増し目をしながら往復編みで細編みを15段
編む。30番の糸に替え、編み始めと編み終わ
りでそれぞれ増し目をし、細編みを1段編む。
3　ブリムとベルトの中心を合わせて中表に
重ね、段数マーカーなどで仮留めし、23番の
糸で巻きかがりでとじる。
4　ベルトの端にゴムを通して裏側に折り、
端から9目の位置にそれぞれ巻きかがる。

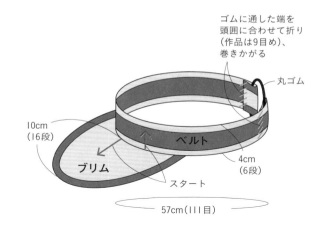

ゴムに通した端を
頭囲に合わせて折り
(作品は9目め)、
巻きかがる

丸ゴム

10cm
(16段)

ベルト

4cm
(6段)

ブリム

スタート

57cm(111目)

ベルトとブリムのとじ付け方

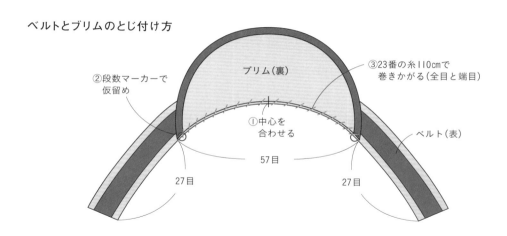

②段数マーカーで
仮留め

ブリム(裏)

③23番の糸110cmで
巻きかがる(全目と端目)

①中心を
合わせる

57目

ベルト(表)

27目　　　　27目

ベルト

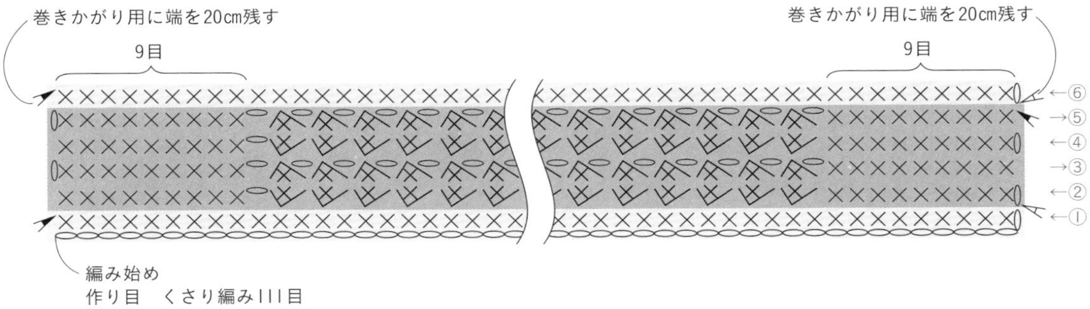

巻きかがり用に端を20cm残す
9目
巻きかがり用に端を20cm残す
9目
←⑥
→⑤
←④
→③
←②
←①
編み始め
作り目　くさり編み111目

ブリム

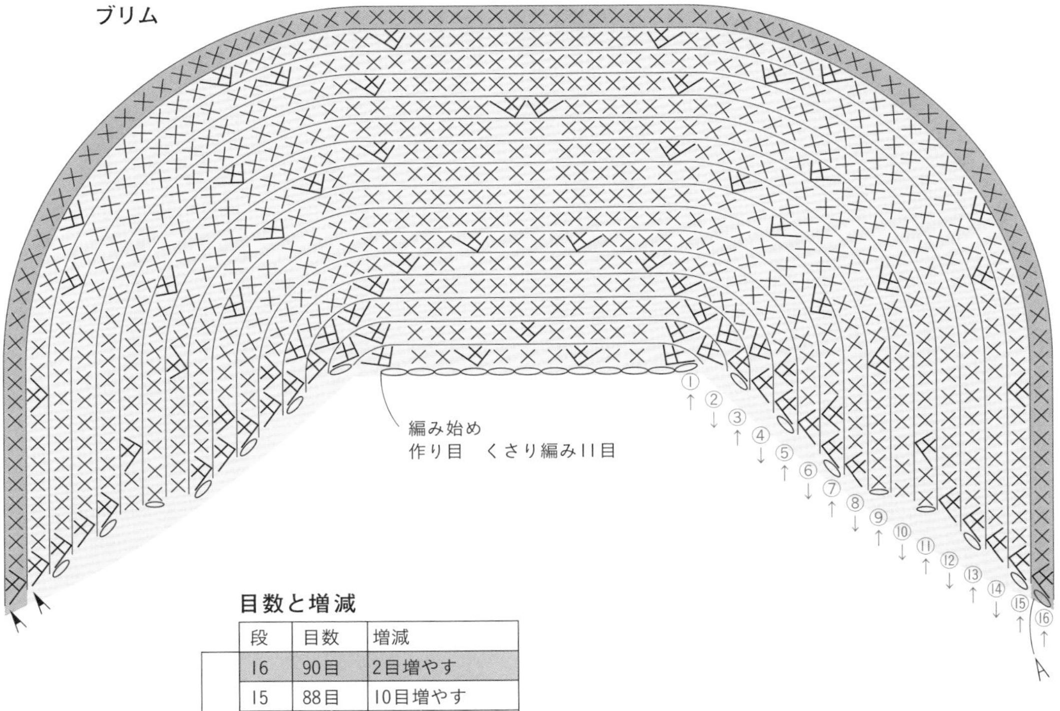

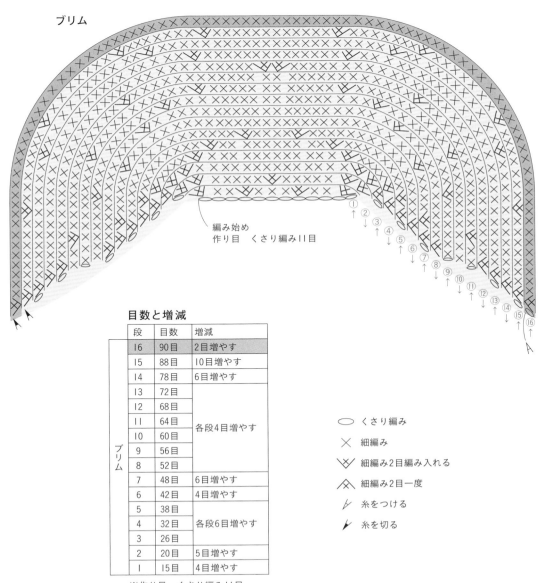

編み始め
作り目　くさり編み11目
①
②
③
④
⑤
⑥
⑦
⑧
⑨
⑩
⑪
⑫
⑬
⑭
⑮
⑯
A

目数と増減

	段	目数	増減
ブリム	16	90目	2目増やす
	15	88目	10目増やす
	14	78目	6目増やす
	13	72目	各段4目増やす
	12	68目	
	11	64目	
	10	60目	
	9	56目	
	8	52目	
	7	48目	6目増やす
	6	42目	4目増やす
	5	38目	各段6目増やす
	4	32目	
	3	26目	
	2	20目	5目増やす
	1	15目	4目増やす

※作り目　くさり編み11目
※往復編みで編む

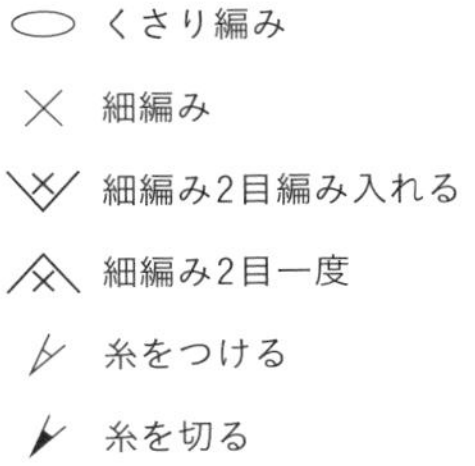

くさり編み
細編み
細編み2目編み入れる
細編み2目一度
糸をつける
糸を切る

糸の色を黒で編む

糸　ハマナカ ウオッシュコットン
　　（約40g玉巻）
　　ベージュ（23）…94g
その他　ハマナカ テクノロート（H204-
　　　　593）…325cm
　　　　ハマナカ 熱収縮チューブ（H204-
　　　　605）…1.5cm×2本
針　かぎ針4/0号・とじ針
ゲージ　細編み21.5目×26.5段＝10cm角
　　　　長々編み24目×6段＝10cm角
サイズ　頭囲56cm　深さ16cm

編み方

1　〈トップ～サイド〉わの作り目をして、細
編みを6目編み入れ、2、3、5、7段めでそれ
ぞれ増し目をし、8段めからは増減なしで21
段めまで編む。
2　〈ブリム〉サイドから続けて編む。奇数段
で増し目をし、偶数段は細編みを増減なしで
11段めまで編む。
3　テクノロートに熱収縮チューブを通して
から端を約2cm折り返して軽くねじり、かぎ
針が通るくらいの大きさの輪を作る。熱収縮
チューブをねじった部分にかぶせ、ドライヤ
ーをあてて収縮させ固定する。
4　ブリム12段めからテクノロートを編み
くるみながら立ち上がりのくさりなしで細
編みを14段めまで編む。

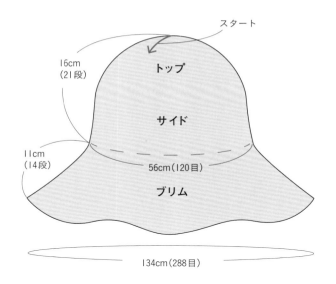

スタート

トップ

サイド

ブリム

16cm
（21段）

11cm
（14段）

56cm（120目）

134cm（288目）

テクノロートの端処理と編み方

②熱収縮チューブをかぶせ、
　ドライヤーの熱をあてて
　収縮させる

1.5cm

かぎ針が通る
大きさの輪にする

2cm

①テクノロートの端を
　約2cm折り返してねじる

※編み終わり側も編み終わりの
　手前まで編んだら同様にする

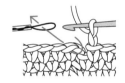

編み始めは、テクノロートの輪も拾って編み
以降は編みくるみながら編む
（編み終わりも最後の目と共にテクノロートの輪を拾う）

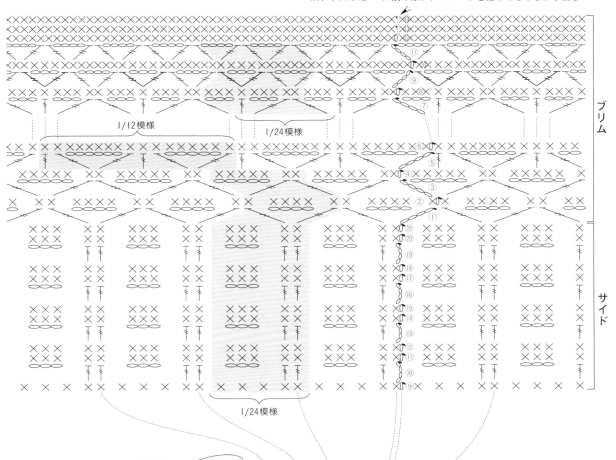

※ブリムの12〜14段めはテクノロートを編みくるみながら編む

ブリム

サイド

1/12模様

1/24模様

1/6模様

トップ

1/24模様

○ くさり編み

● 引き抜き編み

× 細編み

細編み2目編み入れる

長々編み

長々編み2目編み入れる

糸を切る

※くさりの上の段の細編みは
くさりを束に拾って編む

目数と増減

	段	目数	増減	
ブリム	12〜14	288目	増減なし	テクノロートを編みくるむ
	11	288目	24目増やす	
	10	264目	増減なし	
	9	264目	48目増やす	
	8	216目	増減なし	
	7	216目	12目増やす	
	6	204目	増減なし	
	5	204目	36目増やす	
	4	168目	増減なし	
	3	168目	24目増やす	
	2	144目	増減なし	
	1	144目	24目増やす	
トップ〜サイド	8〜21	120目	増減なし	
	7	120目	36目増やす	
	6	84目	増減なし	
	5	84目	42目増やす	
	4	42目	増減なし	
	3	42目	30目増やす	
	2	12目	6目増やす	
	1	6目	6目編み入れる	

糸　DARUMA リネンラミーコットン並太
　　（約50g玉巻）
　　オリーブ（4）…83g
　　DARUMA SASAWASHI（約25gカセ巻）
　　ダークオリーブ（6）…25g
　　スミ（17）…21g
その他　ハマナカ テクノロート（H204-593）
　　　　…170cm
　　　　ハマナカ 熱収縮チューブ（H204-
　　　　605）…2.5cm×2本
針　かぎ針7/0号・とじ針
ゲージ　細編み19目×18段＝10cm角
　　　　模様編み6目×2段＝3.2×1.5cm角
サイズ　頭囲57cm　深さ11cm

編み方

1　〈トップ〉リネンラミーコットン並太でわ
の作り目をして、長編み＋くさり編みを8回
編み入れる。指定の段で増し目をしながら
20段編む。
2　〈サイド〉トップから続けて編む。1段め
はトップ最終段の細編みの頭の向こう側半
目を拾い、増減なく模様編みを往復編みで17
段編む。
3　〈ブリム〉糸をSASAWASHIダークオリー
ブに替え、1段めは減らし目をし、3段めから
は増し目をしながら細編みを8段まで編む。
9段めで糸をSASAWASHIスミに替え、増し
目をしながら細編みを12段まで編む。
4　テクノロートの端処理をし（80ページ）、
13段めからテクノロートを編みくるみなが
ら立ち上がりのくさりなしで細編みを14段
めまで編む。

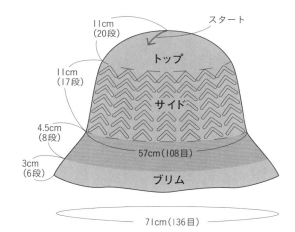

目数と増減

	段	目数	増減	
ブリム	14	136目	増減なし	テクノロートを編みくるむ
	13	136目	4目増やす	
	12	132目		
	11	128目		
	10	124目		
	9	120目		
	8	116目	各段4目増やす	
	7	112目		
	6	108目		
	5	104目		
	4	100目		
	3	96目		
	2	92目	増減なし	
	1	92目	16目減らす	
サイド	1〜17	108目	模様編み、増減なし	
トップ	20	108目	4目増やす	
	19	104目	増減なし	
	18	104目	8目増やす	
	17	96目	8目増やす	
	13〜16	88目	増減なし	
	12	88目	8目増やす	
	11	80目	8目増やす	
	10	72目	増減なし	
	9	72目	8目増やす	
	8	64目	8目増やす	
	7	56目	増減なし	
	6	56目	8目増やす	
	5	48目	8目増やす	
	4	40目	増減なし	
	3	40目	8目増やす	
	2	32目	16目増やす	
	1	16目		

※サイドの模様編みは往復編みで編む

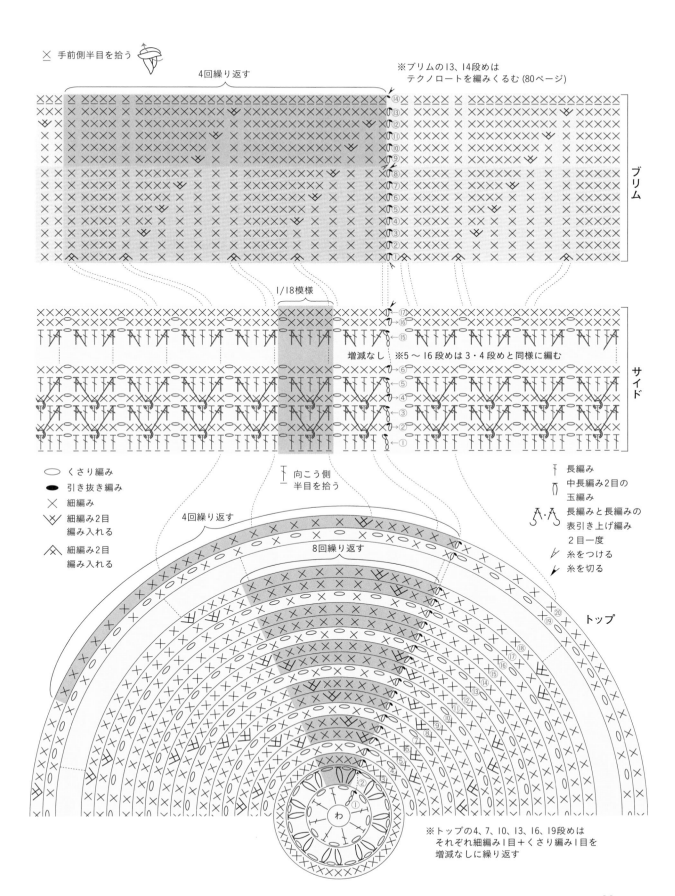

× 手前側半目を拾う

4回繰り返す

※ブリムの13、14段めは
テクノロートを編みくるむ (80ページ)

ブリム

1/18模様

⑰
⑯
⑮ 増減なし ※5～16段めは3・4段めと同様に編む
⑥
⑤
④
③
②
①

サイド

○ くさり編み
● 引き抜き編み
× 細編み
ᐯ 細編み2目
　 編み入れる
ᐱ 細編み2目
　 編み入れる

向こう側
半目を拾う

4回繰り返す

8回繰り返す

┰ 長編み
ᑌ 中長編み2目の
　 玉編み
ᐱ・ᐱ 長編みと長編みの
　 表引き上げ編み
　 2目一度
↙ 糸をつける
↘ 糸を切る

トップ

わ

※トップの4、7、10、13、16、19段めは
　それぞれ細編み1目＋くさり編み1目を
　増減なしに繰り返す

83

透かし模様入りキャスケット ──────────────── 44ページ作品

糸　DARUMA SASAWASHI（約25gカセ巻）
　　ライトブラウン（2）…98g
針　かぎ針6/0号・とじ針
ゲージ　細編み18目×20段＝10cm角
　　　　模様編み18目×2段＝10×2cm角
サイズ　頭囲53.5cm　深さ13cm

編み方

1　〈トップ〉わの作り目をして、細編みを8目編み入れ、増し目をしながら細編みで16段めまで編む。

2　〈サイド〉トップから続けて編む。模様編みで増減目しながら12段めまで編み、13段めからは細編みで減らし目をしながら15段めまで、増減なしで16段めを編む。

3　〈ブリム〉指定位置に糸を付け、往復編みで編む。1段めはサイドの最終段に引き抜き編みを49目編み、2段めはサイドの最終段の目を拾い、増減しながら細編みで11段めまで編む。

4　サイドの最終段、後ろ中心から縁編みを編む。1段めはサイドとブリムから116目拾って細編みを編み、2段めは引き抜き編みをする。

目数と増減

	段	目数	増減
サイド	16	96目	増減なし
	15	96目	8目減らす
	14	104目	4目減らす
	13	108目	4目減らす
	12	112目	増減なし
	11	112目	8目減らす
	10	120目	増減なし
	9	120目	8目減らす
	6〜8	128目	増減なし
	5	128目	8目増やす
	4	120目	増減なし
	3	120目	8目増やす
	2	112目	増減なし
	1	112目	8目増やす
トップ	16	104目	各段8目増やす
	15	96目	
	14	88目	
	13	80目	
	12	72目	増減なし
	11	72目	各段8目増やす
	10	64目	
	9	56目	
	8	48目	増減なし
	7	48目	各段8目増やす
	6	40目	
	5	32目	
	4	24目	増減なし
	3	24目	各段8目増やす
	2	16目	
	1	8目	8目編み入れる

※サイド1〜12段めは模様編み

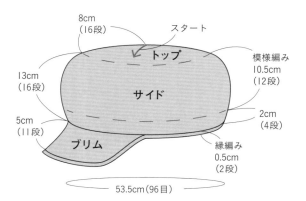

8cm
（16段）
スタート
トップ
模様編み
10.5cm
（12段）
13cm
（16段）
サイド
2cm
（4段）
5cm
（11段）
ブリム
縁編み
0.5cm
（2段）
53.5cm（96目）

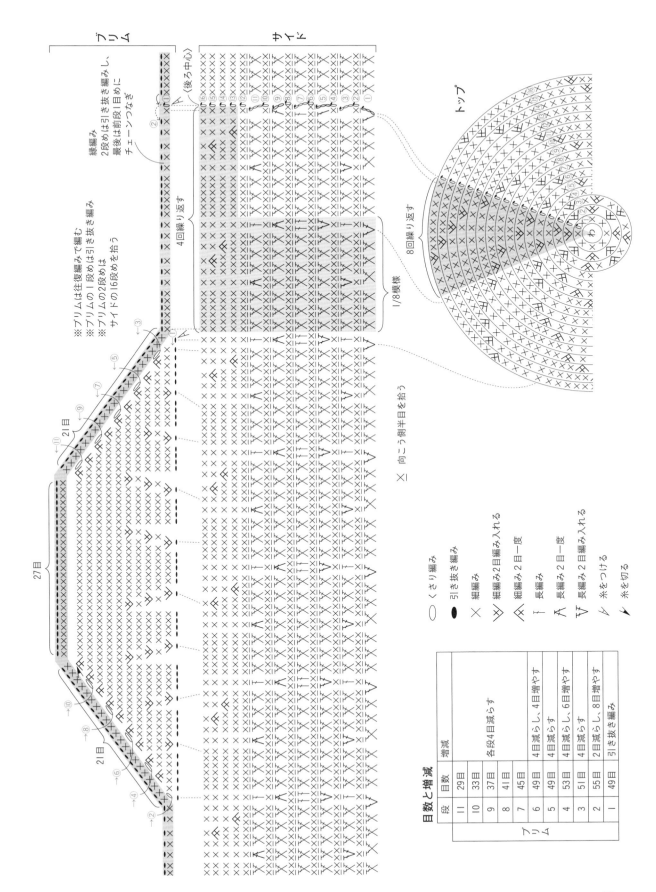

縁編み
2段めは引き抜き編みし、最後は前段1目めにチェーンつなぎ

※ブリムは往復編みで編む
※ブリムの1段めは引き抜き編み
※ブリムの2段めは
サイドの16段めを拾う

ブリム
サイド
トップ

〈後ろ中心〉

4回繰り返す

8回繰り返す

1/8模様

21目
27目
21目

× 向こう側半目を拾う

○ くさり編み
● 引き抜き編み
× 細編み
細編み2目編み入れる
細編み2目一度
長編み
長編み2目一度
長編み2目編み入れる
糸をつける
糸を切る

目数と増減

	段	目数	増減
	11	29目	
	10	33目	各段4目減らす
	9	37目	
	8	41目	
	7	45目	
	6	49目	4目減らし、4目増やす
	5	49目	4目減らす
	4	53目	4目減らし、6目増やす
	3	51目	4目減らす
ブリム	2	55目	2目減らし、8目増やす
	1	49目	引き抜き編み

P　蔓模様のかごバッグ

46ページ作品

糸　DARUMA SASAWASHI（約25gカセ巻）
　　ブラウン（9）…135g
針　かぎ針7/0号・とじ針
ゲージ　細編み17目×18段＝10cm角
　　　　模様編み12目×1段＝7×1.5cm角
サイズ　高さ18.8cm　直径17cm

編み方

1　〈底〉わの作り目をして、細編みを8目編み入れ、増し目をしながら15段めまで細編みを編む。

2　〈側面〉底から続けて編む。3、6段めでそれぞれ増し目をし、7、8段めは増減なしで細編みを編む。9段めからは増減なしで模様編みを15段めまで編み、増減なしで細編みを22段めまで編む。続けて1周引き抜き編みをし、最後は前段1目めにチェーンつなぎする。

3　〈持ち手〉くさり編み62目の作り目をして、細編みをぐるりと130目編み入れ、増し目をしながら3段めまで細編みを編む。これを2本編む。

4　持ち手をバッグの外側の付け位置にとじ付ける。

持ち手　2本

※編み始めと編み終わりの糸は約50cm残し、●の細編みの目の頭から出しておく
※1段め最初の61目はくさりの裏山を拾う

Ｗ　細編み3目編み入れる
×　くさりの向こう側半目を拾う

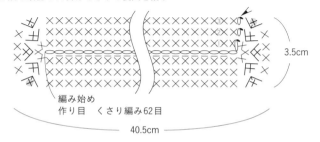

3.5cm

編み始め
作り目　くさり編み62目

40.5cm

目数と増減

段	目数	増減
3	144目	両端各4目増やす
2	136目	両端各3目増やす
1	130目	両端各3目増やす

持手

※作り目　くさり編み62目

目数と増減

	段	目数	増減
側面	16〜22	104目	増減なし
	9〜15	104目	模様編み、増減なし
	7・8	104目	増減なし
	6	104目	4目増やす
	4・5	100目	増減なし
	3	100目	4目増やす
	1・2	96目	増減なし
底	15	96目	
	14	90目	
	13	84目	
	12	78目	
	11	72目	
	10	66目	各段6目増やす
	9	60目	
	8	54目	
	7	48目	
	6	42目	
	5	36目	
	4	30目	
	3	24目	各段8目増やす
	2	16目	
	1	8目	8目編み入れる

（側面図の寸法）
61cm（104目）
持ち手
バッグ外側にとじ付ける
〈脇〉
10cm（18目）
側面
4cm（7段）
10.5cm（7段）
模様編み
4.5cm（8段）
底
8.5cm（15段）
スタート

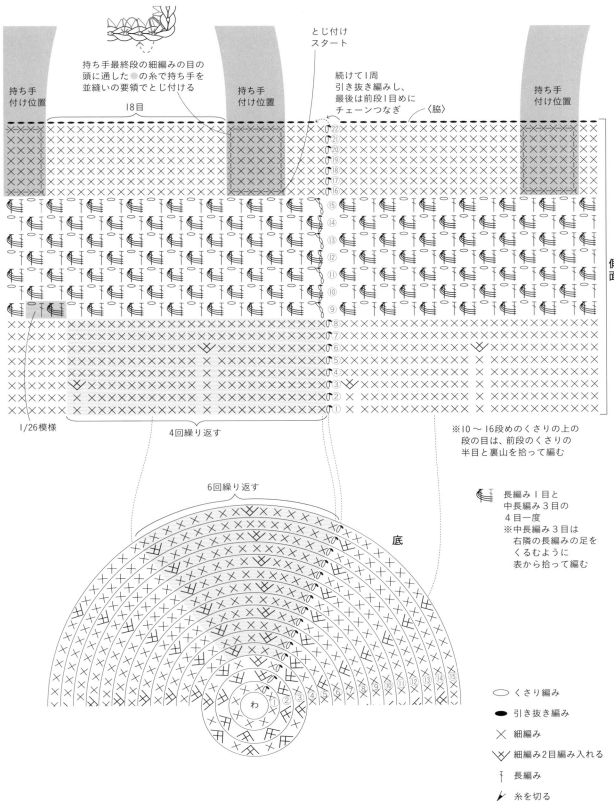

持ち手付け位置

持ち手最終段の細編みの目の
頭に通した⬤の糸で持ち手を
並縫いの要領でとじ付ける

とじ付け
スタート

続けて1周
引き抜き編みし、
最後は前段1目めに
チェーンつなぎ

〈脇〉

18目

持ち手
付け位置

持ち手
付け位置

側面

㉒
㉑
⑳
⑲
⑱
⑰
⑯
⑮
⑭
⑬
⑫
⑪
⑩
⑨
⑧
⑦
⑥
⑤
④
③
②
①

1/26模様

4回繰り返す

※10〜16段めのくさりの上の
　段の目は、前段のくさりの
　半目と裏山を拾って編む

長編み1目と
中長編み3目の
4目一度
※中長編み3目は
　右隣の長編みの足を
　くるむように
　表から拾って編む

底

6回繰り返す

わ

① ② ③ ④ ⑤ ⑥ ⑦ ⑧ ⑨ ⑩ ⑪ ⑫ ⑬ ⑭ ⑮

⬭ くさり編み

⬤ 引き抜き編み

✕ 細編み

ⱴ 細編み2目編み入れる

† 長編み

↙ 糸を切る

蔓模様のポーチ ———————————————————————— 46ページ作品

糸　DARUMA SASAWASHI（約25gカセ巻）
　　オレンジ（10）…44g
その他　直径1.5cmボタン…1個
針　かぎ針7/0号・とじ針
ゲージ　細編み17目×18段＝10cm角
　　　　模様編み12目×1段＝7×1.5cm角
サイズ　高さ15.5cm　横11.5cm

編み方

1　〈側面〉始めに35cm糸を残して、くさり編み38目の作り目をして輪にする。1段めは増し目をし、2段めからは増減なしで細編みを7段めまで編む。8段めからは増減なしで模様編みを14段めまで編み、増減なしで細編みを16段めまで編む。続けて増減なしで細編みを1段編み、途中ボタンループを編む。
2　〈肩ひも〉側面から続けて肩ひもを往復編みで66段編み、糸端を30cm残してカットする。
3　作り目19目同士を外表に合わせてたたみ、半目の巻きかがりで底をとじる。
4　肩ひもを付け位置にとじ付け、共糸でボタンを縫い付ける。

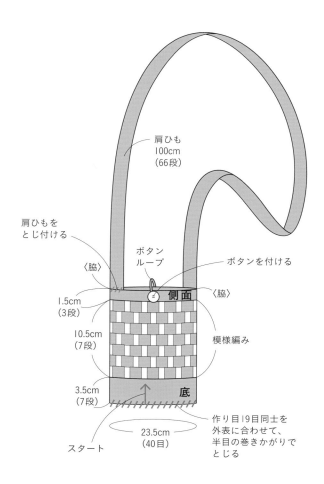

肩ひも
100cm
（66段）

肩ひもを
とじ付ける

〈脇〉

ボタン
ループ

ボタンを付ける

1.5cm
（3段）

側面

〈脇〉

10.5cm
（7段）

模様編み

3.5cm
（7段）

底

スタート

23.5cm
（40目）

作り目19目同士を
外表に合わせて、
半目の巻きかがりで
とじる

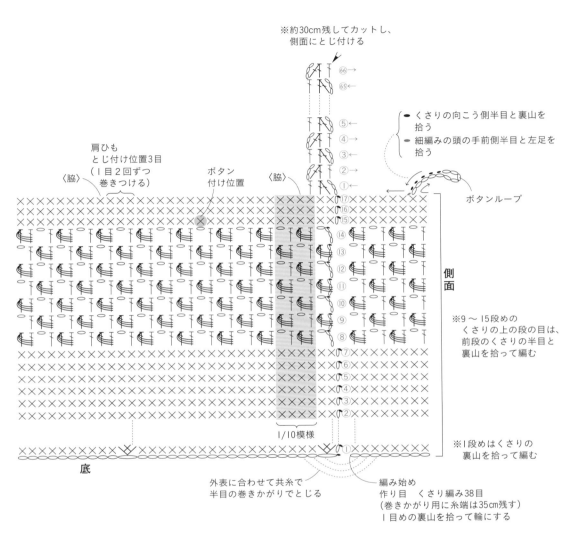

※約30cm残してカットし、
側面にとじ付ける

● くさりの向こう側半目と裏山を
　拾う
● 細編みの頭の手前側半目と左足を
　拾う

ボタンループ

肩ひも
とじ付け位置3目
（1目2回ずつ
巻きつける）

〈脇〉

ボタン
付け位置

〈脇〉

側面

※9～15段めの
　くさりの上の段の目は、
　前段のくさりの半目と
　裏山を拾って編む

1/10模様

※1段めはくさりの
　裏山を拾って編む

底

外表に合わせて共糸で
半目の巻きかがりでとじる

編み始め
作り目　くさり編み38目
（巻きかがり用に糸端は35cm残す）
1目めの裏山を拾って輪にする

⬭ くさり編み

⬬ 引き抜き編み

✕ 細編み

Ⓦ 細編み2目編み入れる

† 長編み

Ⱥ 長編み2目一度

✎ 長編み1目と中長編み3目の
　4目一度
　※中長編み3目は右隣の長編みの足を
　　くるむように表から拾って編む

✎ 糸を切る

目数と増減

	段	目数	増減	
側面	17	40目	増減なし	途中、ボタンループを編む
	15・16	40目	増減なし	
	8～14	40目	模様編み、増減なし	
	2～7	40目	増減なし	
	1	40目	2目増やす	

※作り目　くさり編み38目
輪にして編む

糸　メルヘンアート マニラヘンプヤーン
　　（20g玉巻）
　　ストロー（507）…117g
針　かぎ針6/0号・かぎ針7/0号・とじ針
ゲージ　細編み18目×20段＝10cm角
　　　　模様編み17目×3段＝10×1.5cm角
サイズ　17.5×20×10cm

編み方

1　〈底〉かぎ針6/0号でくさり編み18目の作
り目をして、細編みをぐるりと38目編み入れ、
増し目をしながら10段めまで細編みを編む。
2　〈側面〉底から続けて編む。7、16、25段め
でそれぞれ増し目をし、27段めまで模様編み
を編み、28段めからは増減なしで35段めまで
細編みを編む。続けて1周引き抜き編みをし、
最後は前段1目めにチェーンつなぎする。
3　〈持ち手〉53ページの通り、7/0号でスパ
イラル持ち手を9目のくさり編みから28cm
編み（2本）、バッグ内側にとじ付ける。

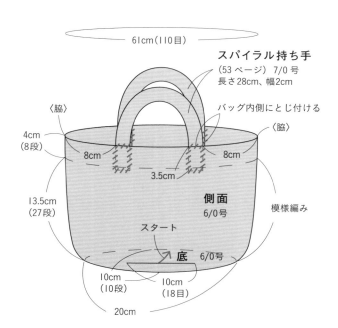

61cm（110目）

スパイラル持ち手
（53ページ）7/0号
長さ28cm、幅2cm

バッグ内側にとじ付ける

〈脇〉　　　　　　　　　　　　〈脇〉

4cm
（8段）

8cm　　　　　　　　　8cm

3.5cm

13.5cm
（27段）

側面
6/0号

模様編み

スタート

底　6/0号

10cm
（10段）　10cm
　　　　　（18目）

20cm

目数と増減

段	目数	増減	
側面	28〜35	110目	増減なし	模様編み
	26・27	110目	増減なし	
	25	110目	両脇各3目増やす	
	17〜24	104目	増減なし	
	16	104目	両脇各3目増やす	
	8〜15	98目	増減なし	
	7	98目	両脇各3目増やす	
	1〜6	92目	増減なし	
底	10	92目		
	9	86目		
	8	80目		
	7	74目		
	6	68目	各段両脇各3目増やす	
	5	62目		
	4	56目		
	3	50目		
	2	44目		
	1	38目	両脇各1目増やす	

※作り目　くさり編み18目

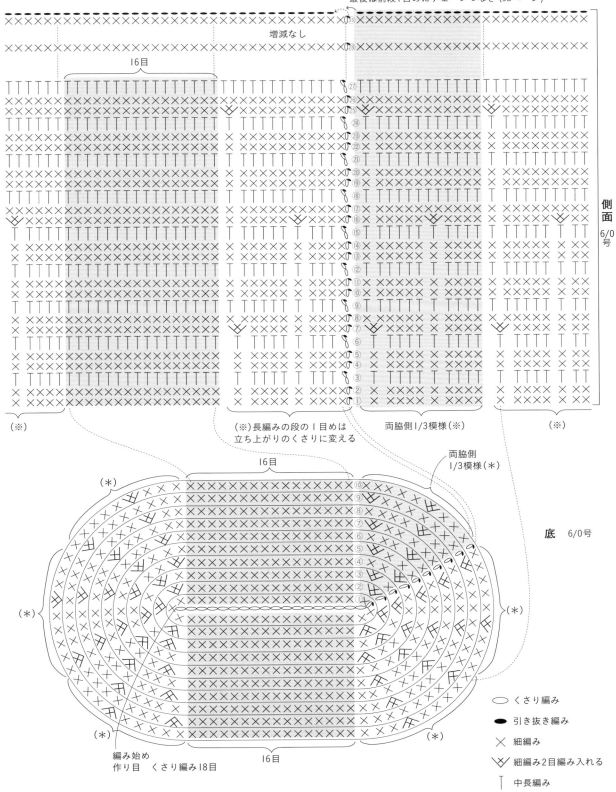

続けて1周引き抜き編みし、
最後は前段1目めにチェーンつなぎ (98ページ)

増減なし

16目

側面
6/0号

（※）

（※）長編みの段の1目めは
立ち上がりのくさりに変える

両脇側1/3模様（※）

（※）

両脇側
1/3模様（＊）

16目

底　6/0号

（＊）

（＊）

（＊）

（＊）

編み始め
作り目　くさり編み18目

16目

◯　くさり編み

●　引き抜き編み

✕　細編み

�め　細編み2目編み入れる

丨　中長編み

〈大〉目数と増減

段		目数	増減	
側面	15	105目	15目減らす	ロープを編みくるむ
	6〜14	120目	増減なし	
底	5	120目	30目増やす	
	4	90目	15目増やす	
	3	75目	30目増やす	
	2	45目	15目増やす	
	1	30目		

〈小〉目数と増減

段		目数	増減	
側面	15	65目	13目減らす	ロープを編みくるむ
	5〜14	78目	増減なし	
底	4	78目	13目増やす	
	3	65目	26目増やす	
	2	39目	13目増やす	
	1	26目		

S〈大〉
糸 メルヘンアート マニラヘンプヤーン
　（20g玉巻）
　ブラック（510）…60g
　メルヘンアート コットンスペシャルロープ
　10mm…1カセ約16m（310g使用）
針 かぎ針7/0号・かぎ針10/0号
ゲージ 模様編み3.7×2cm角（1模様）
サイズ 直径18cm×高さ18cm

T〈小〉
糸 メルヘンアート マニラヘンプヤーン
　ホワイト（500）…45g
　メルヘンアート リネンロープ（約9mm）
　…1カセ約10m（215g使用）
針 かぎ針7/0号・かぎ針10/0号
ゲージ 模様編み3.4×1.6cm角（1模様）
サイズ 直径14cm×高さ16cm

[編み方]

1 〈底〉54ページの通り、かぎ針7/0号でく
さり編み3目の作り目をして、ロープ2本を
細編みでつつみながら編んでいく。細編み1
目、くさり編み1目を交互に15回（小は13回）
編んだら、立ち上がりのくさりは編まずに、増
し目をしながら5段め（小は4段め）まで細編
みでつつみながら編む。

2 〈側面〉底から続けて増減なしで14段めま
でロープ2本を細編みでつつみながら編
み、15段めはロープ無しで減らし目をしなが
ら細編みを編む。

3 〈持ち手〉10/0号で2本取りでくさり編み
38目（小は45目）を4本編み、四つ編みをして
バッグに付ける。〈大〉はループを付ける。

〈大〉59cm（120目）
〈小〉46cm（78目）

四つ編みの持ち手 10/0号
〈大〉32cm（38目）
〈小〉37cm（45目）

バッグ編み終わり位置に
持ち手を付ける

細編み
ロープ無し
（1段）

バッグ編み終わり
位置の反対側に
持ち手を付ける

〈大〉18cm（9段）
〈小〉16cm（10段）

側面 7/0号

〈大〉9cm（5段）
〈小〉7cm（4段）

スタート

底 7/0号

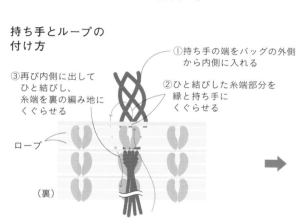

持ち手とループの付け方

③再び内側に出して
ひと結びし、
糸端を裏の編み地に
くぐらせる

①持ち手の端をバッグの外側
から内側に入れる

②ひと結びした糸端部分を
縁と持ち手に
くぐらせる

ロープ

（裏）

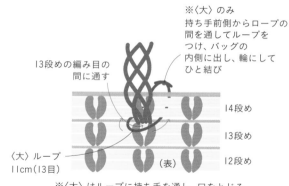

※〈大〉のみ
持ち手前側からロープの
間を通してループを
つけ、バッグの
内側に出し、輪にして
ひと結び

13段めの編み目の
間に通す

14段め
13段め
12段め

〈大〉ループ
11cm（13目）

（表）

※〈大〉はループに持ち手を通し、口をとじる

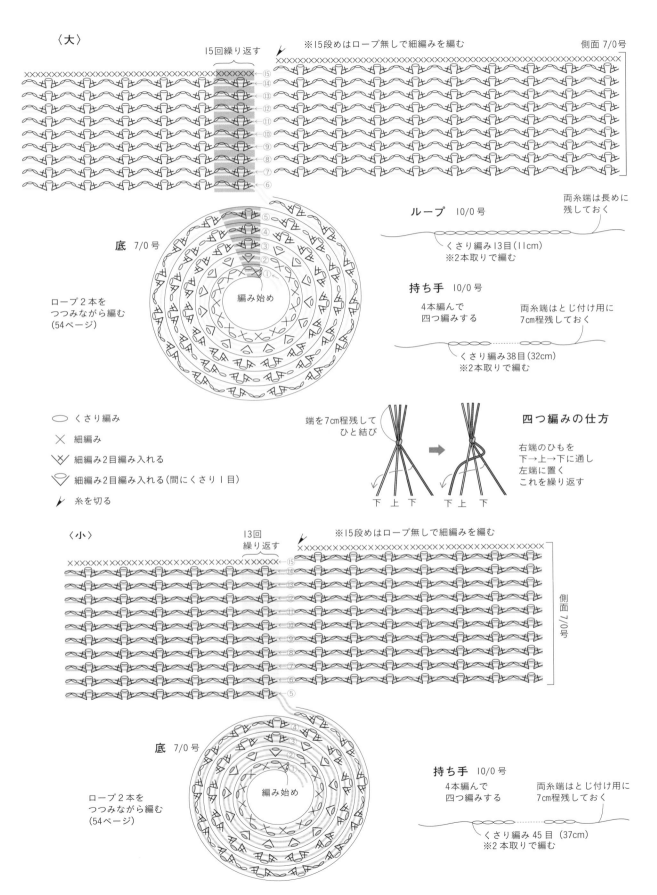

〈大〉

15回繰り返す

※15段めはロープ無しで細編みを編む

側面 7/0号

底 7/0号

ロープ2本を
つつみながら編む
(54ページ)

ループ 10/0号

両糸端は長めに
残しておく

くさり編み13目(11cm)
※2本取りで編む

持ち手 10/0号

4本編んで
四つ編みする

両糸端はとじ付け用に
7cm程残しておく

くさり編み38目(32cm)
※2本取りで編む

⬭ くさり編み

╳ 細編み

細編み2目編み入れる

細編み2目編み入れる(間にくさり1目)

糸を切る

端を7cm程残して
ひと結び

下 上 下　　下 上 下

四つ編みの仕方

右端のひもを
下→上→下に通し
左端に置く
これを繰り返す

〈小〉

13回
繰り返す

※15段めはロープ無しで細編みを編む

側面 7/0号

底 7/0号

ロープ2本を
つつみながら編む
(54ページ)

編み始め

持ち手 10/0号

4本編んで
四つ編みする

両糸端はとじ付け用に
7cm程残しておく

くさり編み45目（37cm)
※2本取りで編む

かぎ針編みの基本と編み方

針と糸の持ち方

（右手）

親指と人差し指で持つ

（左手）

小指と薬指に
はさみ、
ひと差し指に
糸端をかける

親指と中指で
糸を持ち
ひと差し指を
立てて糸を張る

くさりの目の名称

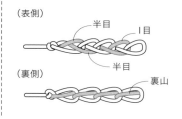

（表側）

半目
1目
半目

（裏側）

裏山

くさりの作り目

①針に糸をかける

②再び糸をかけて
引き出す

左手で押さえる

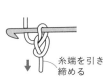

③最初の目を作る
※この目は作り目の
　数に含めない

糸端を引き
締める

④糸をかける

⑤糸を引き出し
くさり1目を編む

必要な目数編む

1目め

わの作り目 （わ）

①左手の人差し指に
軽く2回巻きつける

糸端

②針に糸をかけて
引き出す

糸端

③糸をかけて
きつめに引き抜く
※この目は数えない

④立ち上がりのくさり
1目を編む

⑤2本の糸に必要な
目数を編み入れる

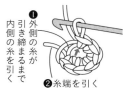

❶外側の糸が
引き締まるまで
内側の糸を引く

❷糸端を引く

⑥糸輪を引き締める

⑦1目めの頭2本に
針を入れて引き抜き
1段めの完成

くさりを輪にする （6目）

①くさりの作り目を作り
1目めの半目と裏山に
針を入れ、
糸を引き抜く

②くさりの輪の完成
糸をかけて
引き抜き
立ち上がりの
くさり1目を編む

③輪の中に針を入れて
必要な目数を編み入れる
※糸端は編みくるむ

④1目めの頭2本に
針を入れて引き抜き
1段めの完成

毎段、編み始めは編み目の高さ分のくさり編みを編みます。（立ち上がりのくさりを編まない場合もあります）
これは立ち上がりといって、編み目の種類によって、くさり編みの目数が変わります。

細編み

1目め

立ち上がりくさり1目

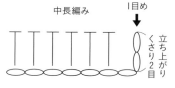

中長編み

1目め

立ち上がりくさり2目

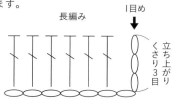

長編み

1目め

立ち上がりくさり3目

※細編みの場合、立ち上がりの1目は数えません。それ以外は、立ち上がりを編み目の1目めと数えます。

基本の編み方

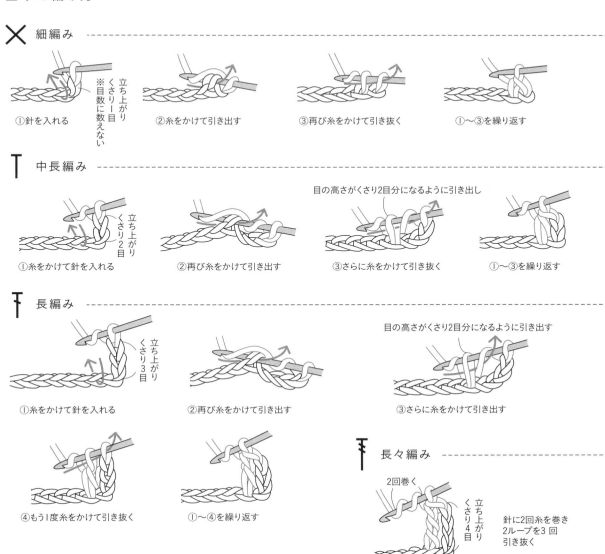

✕ 細編み

①針を入れる
立ち上がり
くさり1目
※目数に数えない

②糸をかけて引き出す

③再び糸をかけて引き抜く

①〜③を繰り返す

┬ 中長編み

①糸をかけて針を入れる
立ち上がり
くさり2目

②再び糸をかけて引き出す

③さらに糸をかけて引き抜く
目の高さがくさり2目分になるように引き出し

①〜③を繰り返す

┴ 長編み

①糸をかけて針を入れる
立ち上がり
くさり3目

②再び糸をかけて引き出す

③さらに糸をかけて引き出す
目の高さがくさり2目分になるように引き出す

④もう1度糸をかけて引き抜く

①〜④を繰り返す

╪ 長々編み

2回巻く
立ち上がり
くさり4目

針に2回糸を巻き
2ループを3回
引き抜く

⬤ 引き抜き編み

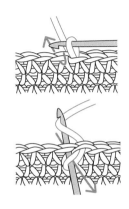

針を入れ、糸をかけて
引き抜く

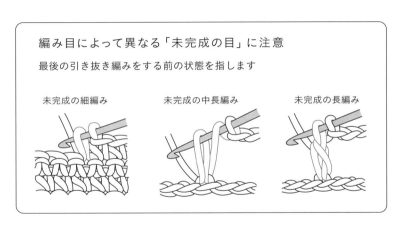

編み目によって異なる「未完成の目」に注意

最後の引き抜き編みをする前の状態を指します

未完成の細編み　　未完成の中長編み　　未完成の長編み

目を増やす（増し目）

 細編み2目編み入れる

 （細編み3目編み入れる）も同じ要領で編む

①細編み1目を編み、同じ目に
針を入れる

②同じ目に細編み2目を
編み入れた状態

編み入れる際は「束に編む」場合に注意

 V 根元がついている
場合（割って編む）

前段の1目を拾って編む

V 根元が離れている
場合（束に編む）

前段のくさりをそっくり
拾って編む

 中長編み2目編み入れる

2目以上増やし目する場合も、同じ要領で編む

①中長編みを1目編む

②同じ目に中長編みを1目編む

 長編み2目編み入れる　2目以上増し目する場合も、同じ要領で編む

①長編みを1目編み、針に糸を
かけて同じ目に針を入れる

②糸を引き出し、長編み1目を編む

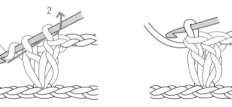

目を減らす（減らし目）

 細編み2目一度

2目以上減らし目する場合も、同じ要領で編む

糸をかけて引き出し（未完成の細編み）、
次の目からも糸を引き出し
（未完成の細編み）、一度に引き抜く

 **長編み2目一度**　2目以上減らし目する場合も、同じ要領で編む

①針に糸をかけ、針を
入れて引き出す

②針に糸をかけ、
「未完成の長編み」を編む

③針に糸をかけ、①と
同様に糸を引き出す

④「未完成の長編み」を
1目めと高さを揃えて編む

⑤針に糸をかけ、全部の
ループを一度に引き抜く

その他の編み方

 長編み表引き上げ編み -

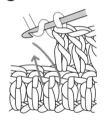 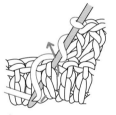 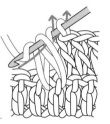 

①針に糸をかけ、前段の
　目の足を矢印のように
　表側から拾う

②針に糸をかけ、前段の目
　や隣りの目がつれない
　ように長めに糸を引き出す

③長編みと同じ要領で編む

 中長編み2目の玉編み -

①「未完成の中長編み」を
　編む（1目め）

②同じ目に「未完成の
　中長編み」を編む（2目め）

③同じ要領で、1目め、2目めが
　短くならないように注意して
　3目めも編む

④針に糸をかけ、左手で
　ループの根元を押さえて
　ループを一度に引き抜く

⑤玉の部分と頭の
　くさり目の部分が
　ずれて編める

糸の替え方

表側（編み地の左端）で替える場合

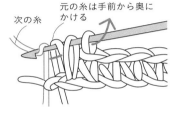

次の糸　元の糸は手前から奥にかける

前段の最後の
引き抜きで
次の糸（赤）で
引き抜く

裏側（編み地の右端）で替える場合

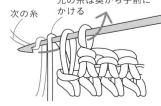

次の糸　元の糸は奥から手前にかける

前段の最後の
引き抜きで
次の糸（赤）で
引き抜く

輪編み（輪に編む）場合

次の糸（B）
元の糸（A）は手前
から奥にかける

糸が替わる
ひとつ前の目の
最後の引き抜きで、
次の糸（赤：B糸）を
かけて引き抜く

※A糸を休ませておき、再びA糸に替える場合は
A糸をB糸の手前にした状態で、上と同様に
B糸を針にかけ、次の糸（A糸）で引き抜く

巻きかがり（全目かがり）

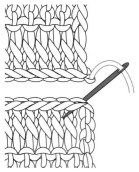

①編み地の表側を上にして
つき合わせにし、
端の目をとじ針で拾う

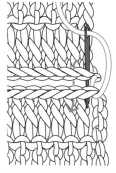

②内側の全目を交互に拾う

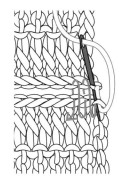

巻きかがり（半目かがり）

外側の半目同士を
交互にすくう

チェーンステッチの仕方

※最初の目に戻り
　1周したら、糸を切り、
　とじ針で最初の目の中に
　針を入れ、裏に出し始末する

表側

①目の間から糸を表に
引き出す
裏の糸端は15cm程残す
（ステッチ後、編み地に
くぐらせ始末する）

②次の目から再び糸を
引き出し、
引き抜き編みする

③引き抜き編みが
1目編める

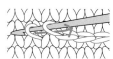

④同様にして、目の間から
糸を引き出し、
引き抜き編みする

チェーンつなぎ

①編み終わりの目で
糸を15cm程でカットして
とじ針に通し、
1目めの頭をすくう

②続けて、編み終わりの
目の向こう半目を
すくう

③糸を引くと目が
くさりでつながる
糸端を編み地の裏側に
くぐらせ始末する

98

◎材料提供　※五十音順

ハマナカ株式会社
〒616-8585
京都府京都市右京区花園藪ノ下町2-3
TEL 075-463-5151（代）
http://hamanaka.co.jp

メルヘンアート株式会社
〒130-0015　東京都墨田区横網2-10-9
TEL 03-3623-3760
https://www.marchen-art.co.jp

横田株式会社・DARUMA
〒541-0058
大阪府大阪市中央区南久宝寺町2-5-14
TEL 06-6251-2183
http://daruma-ito.co.jp

◎作品制作　※五十音順

星野真美
marshell
Sachiyo＊Fukao
yohnKa

◎撮影協力

AIR ROOM PRODUCTS
／プントデザイン　TEL 03-5766-8586
http://www.airroom.jp
▷シャツ(p10, 11, 48)、シャツ(p14, 15)、シャツ(p28, 29)、
シャツ(p42, 43)

中川政七商店
／中川政七商店 渋谷店　TEL 03-6712-6148
http://nakagawa-masashici.jp/
▷ハイネックプルオーバー(p16, 17)、パンツ(p36)、麻デニ
ムパンツ(p38, 39)

MARMARI　TEL 042-587-8889
https://marmari.jp/
▷パンツ(p16, 17)、ノースリーブトップス、ジャンパース
カート(p18, 19, 20, 47)、ワンピース(cover, p26, 27)

BASIC PLAN＋
かぎ針で編む夏の帽子とこもの

2023年6月21日　初版第1刷発行

発行者：澤井聖一
発行所：株式会社エクスナレッジ
　　　　〒106-0032 東京都港区六本木7-2-26
　　　　https://www.xknowledge.co.jp/
〔問合わせ先〕
編　集：TEL 03-3403-6796／FAX 03-3403-0582
　　　　info@xknowledge.co.jp
営　業：TEL 03-3403-1321／FAX 03 -3403-1829